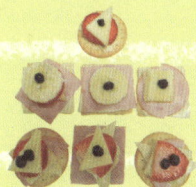

엄마의 부엌은 창의력과 사고력 놀이터!
조물조물 창의력 요리놀이

2015년 7월 3일 1판 1쇄 인쇄
2015년 7월 10일 1판 1쇄 발행

지은이 | 박선영
발행인 | 최한숙
펴낸곳 | BM 성안북스
주소 | 121-838 서울시 마포구 양화로 127 첨단빌딩 5층(출판기획 R&D 센터)
         413-120 경기도 파주시 문발로 112(제작 및 물류)
전화 | 02)3142-0036
         031)950-6300
팩스 | 031)955-0510
등록 | 1978.9.18 제406-1978-000001호
출판사 홈페이지 | www.cyber.co.kr
이메일 문의 | heeheeda@naver.com
ISBN | 978-89-7067-293-9 (13590)
정가 | 14,800원

이 책을 만든 사람들
책임 | 전희경
편집 진행 | 소풍
교정·교열 | 전남희
본문 디자인 | 이오디자인
표지 디자인 | 이오디자인
홍보 | 전지혜
마케팅 | 구본철, 차정욱, 나진호, 이동후, 강호묵
제작 | 김유석

이 책의 어느 부분도 저작권자나 BM 성안북스 발행인의 승인 문서 없이 일부 또는 전부를 사진 복사나 디스크 복사 및 기타 정보 재생 시스템을 비롯하여 현재 알려지거나 향후 발명될 어떤 전기적, 기계적 또는 다른 수단을 통해 복사하거나 재생하거나 이용할 수 없음.

※ 잘못된 책은 바꾸어 드립니다.

조물조물 창의력
요리놀이

박선영 지음

BM 성안북스

PROLOGUE

엄마라면 누구나 육아에 대해서 할 말이 많죠. 일하는 엄마, 전업주부 상관없이 육아의 힘겨움에 대해서 말해보라고 하면 아마 입이 열 개라도 부족할 거예요. 저 역시 일하는 엄마로서 예민한 기질의 아이를 키우다 보니 힘들 때가 많았네요. 하지만 육아는 여자의 인생에 시련이자 곧 '기회'라고 감히 말씀 드리고 싶어요. 어느 날 불쑥 내 인생에 찾아온 아이는 삶의 고통과 기쁨을 동시에 안겨주는 커다란 선물과도 같아요. 아이 때문에 많은 것을 포기하고 잠을 줄이고 시간을 쪼개야 하지만 아이는 엄마에게 새로운 세상을 볼 수 있는 소중한 기회를 안겨주지요. 엄마의 낡은 시각이 아닌 이제 갓 태어나 온통 호기심으로 가득 찬 아이의 눈으로 세상을 다시 볼 수 있으니까요.

도무지 내 아이의 행동을 알 수 없고 육아가 힘들게만 느껴질 땐 잠시 멈춰 심호흡을 하고 그 감정의 소용돌이에서 한발 뒤로 물러나보세요. 그리고 엄마의 눈을 잠시 내려놓고 내 아이 눈으로 주변을 다시 한번 돌아보세요. 그러면 아무것도 아닌 사소한 일로 칭얼대는 고집불통 내 아이가 '엄마, 이 낯선 감정이 뭐예요? 처음이라 잘 모르겠는데 엄마가 잘 다룰 수 있도록 가르쳐주세요!'라고 도움을 요청한다는 것을 알 수 있을 거예요. 친구들에게 자꾸 싸움을 거는 문제 행동을 보이는 경우도 가만히 들여다보면 '엄마, 전 저 친구에게 관심이 있어요. 같이 놀고 싶은데 어떻게 하면 친해질 수 있을까요?'라고 이야기를 하고 있다는 것을 알 수 있을 겁니다.

정말 아이를 키우다 보면 아이는 엄마와 같은 별에 사는 지구인이 아닌 것 같이 느껴질 때가 많아요. 어른은 도무지 알 수 없는 이유로 떼를 쓰고 칭얼대면서 엄마를 속수무책으로 만들어버리기도 하지만 아주 작은 일에도 마냥 웃고 더없이 행복하죠. 아이는 분명 다른 별에서 왔고 어른과는 전혀 다른 언어를 쓰면서 전혀 다른 방식으로 반응해요.

이 아이가 낯선 세상에 제대로 뿌리를 내리는 데 가장 필요한 것은 바로 엄마 아빠의 사랑이죠. 아무리 세상일에 지치고 육아에 대한 부담으로 어깨가 무거워도 하루의 아주 짧은 시간만이라도 아이와 충분히 교감을 나눌 수 있는 사랑의 놀이 시간표를 꼭 짜보세요. 아이에게 밀가루를 주고 그 촉감을 즐거워하는 아이의 감정을 그대로 느껴보세요. 그렇게 아이처럼 놀다 보면 전에는 생각 못했던 기발한 놀이 아이디어가 문뜩문뜩 샘솟기도 해요. 도화지 위에 색깔 쌀이나 잡곡으로 그림을 그리는 날엔 너무도 근사한 아이 작품에 엄마가 더 신이 날지도 몰라요.

이렇게 아이와 이런저런 놀이를 하면서 아이의 감정을 있는 그대로 공감해주려고 노력하다 보면 어느새 엄마에겐 이미 기억에서 사라진 자신의 어린 시절로 시간 여행을 떠나는 놀라운 기적이

일어난답니다. 처음에는 요리놀이가 유아의 오감 발달에 좋고 더불어 두뇌 발달에도 좋다는 정보에 솔깃해서 시작할 수도 있어요. 물론 요리놀이의 학습 효과는 분명하게 나타나요. 소근육 발달이 자연스레 정교해지는 것은 물론이고 언어 이해력도 높아질 뿐만 아니라 수학, 과학의 기본 원리를 감각적으로 익히면서 논리적 사고력도 길러져요.

하지만 또 하나 빼놓을 수 없는 건 정서적인 면이에요. 놀이를 통해 느껴지는 아이의 순수한 마음을 그대로 받아주다 보면 어느새 아이의 정서가 풍부해지고 온유해지며 튼튼해진답니다. 엄마 역시 아이와 함께 동심으로 시간 여행을 떠나면서 어느새 자신의 어린 시절로 돌아가 크고 작은 내면의 상처를 어루만져주는 기적을 경험하기도 합니다. 아이가 주는 가장 큰 선물은 엄마에게 어린 시절을 다시 한번 살아볼 수 있는 기쁨을 주는 것인 듯해요. 아이만 자라는 것이 아니라 엄마 자신의 내면도 이렇게 함께 성숙하게 됩니다. 그러다 보면 아이는 내가 먹이고 훈육하고 성공시켜야 할 내 밑의 존재가 아니라 나를 다시금 어루만지고 성장시키는 고마운 존재가 되지요. 엄마가 아이를 잘 키우기 위해서 반드시 선생님이 되어 꼭 무언가를 가르칠 필요는 없어요. 그냥 아이랑 같은 곳을 바라보고 함께 생각하고 교감하다 보면 아이는 하늘이 주신 타고난 소명에 따라 스스로 잘 자랄 거라고 믿습니다.

아이와의 놀이를 통해서 저 자신의 내면을 성장시킬 수 있었던 경험을 감사하는 마음으로 나누고 싶어 글을 쓰게 되었습니다. 이 책을 읽는 엄마와 아이들의 마음이 좀 더 편안해지고 가슴에는 사랑이 더욱 넘쳐나기를 기도 드립니다.

CONTENTS

왜 하필 부엌에서 놀아야 할까? · 008

PART 1 쌀과 잡곡을 이용한 요리놀이

쌀
- **쌀놀이** 입자의 크기와 면적의 관계를 배워요 · 022
- **색깔쌀** 색깔쌀로 멋진 그림을 그려요 · 025
- **색깔주먹밥** 주먹밥이 알록달록 색깔 옷을 입어요 · 029
- **뻥튀기&견과류 강정** 볶은 쌀이 과자로 변신해요 · 032

잡곡
- **바다 꾸미기** 잡곡과 해조류로 상상의 바다를 그려요 · 036

팥
- **단팥** 떡딱한 팥이 물과 열에 의해 팽창해요 · 039
- **찹쌀떡** 찰기 많은 찹쌀 반죽으로 떡을 해요 · 042
- **팥양갱** 팥앙금에 한천 가루를 넣고 굳혀요 · 045

콩
- **두부** 콩의 단백질이 식초와 소금을 만나 응고돼요 · 048
- **청국장** 누룩곰팡이균이 삶은 콩을 발효시켜요 · 052
- **콩나물 기르기** 물만 줘도 쑥쑥 자라요 · 055
- **콩나물밥** 내가 키운 콩나물로 밥을 해요 · 058

옥수수
- **팝콘** 옥수수 알갱이 속 수분이 팽창해서 터져요 · 061

김
- **즉석 꼬마김밥** 길이의 측정 개념과 순서의 규칙을 배워요 · 064

찹쌀
- **약식** 찹쌀의 찰기를 이용해 다양한 모양을 만들어요 · 068
- **삼색인절미** 찹쌀떡 반죽이 알록달록 고운 옷을 입어요 · 071

떡
- **궁중떡볶이** 채소를 등분해서 썰고 다양한 모양의 떡을 찾아봐요 · 074

젖은 쌀가루
- **색깔절편** 예쁜 색깔의 떡반죽으로 점토놀이를 해요 · 077
- **색깔송편** 모양 틀을 이용해 예쁜 송편을 만들어요 · 080
- **단호박떡케이크** 떡으로 화려한 케이크를 만들어요 · 083

젖은 찹쌀가루
- **화전** 먹을 수 있는 꽃과 없는 꽃을 분류해요 · 087

PART 2 밀가루를 이용한 요리놀이

밀가루
- **밀가루놀이** 밀가루의 세계를 탐색해요 · 092

색깔 반죽
- **색깔 반죽 꾸미기** 색깔 반죽으로 여러 모양을 꾸며요 · 095
- **색깔 수제비&칼국수** 색깔 반죽으로 예쁜 모양의 수제비를 만들어요 · 097

국수
- **짜장면&밥** 채소를 특징별로 분류해요 · 099

쿠키 반죽
- **모양쿠키** 쿠키 만들기의 원리를 배워요 · 102
- **색깔쿠키** 여러 색의 쿠키 반죽으로 점토놀이를 해요 · 106
- **아이싱쿠키** 파스텔 색상의 아이싱으로 꾸며요 · 110
- **쿠키집** 쿠키로 집을 꾸미면서 공간을 상상해요 · 113

케이크 반죽
- **핫케이크** 베이킹파우더가 반죽을 부풀려요 · 117
- **크림치즈머핀** 꾸밈 재료로 예쁘게 장식해요 · 120
- **컵케이크** 컵케이크로 생일잔치를 해요 · 123
- **생크림케이크** 달걀흰자를 부풀린 머랭으로 빵을 만들어요 · 126
- **나뭇잎파이** 밀가루, 버터의 층이 겹겹이 쌓여 파이의 결을 만들어요 · 130
- **미니 사과파이** 파이 속에 사과잼이 숨어 있어요 · 133

빵 반죽
- **찐빵** 밀가루 반죽이 이스트를 만나면 부풀어요 · 138
- **동물 모양 단팥빵** 귀여운 동물 모양으로 빵을 만들어요 · 142

토르티야
- **피자** 배수와 분수, 대칭의 개념을 배워요 · 146

만두피
- **만두** 반달모양의 만두를 빚어요 · 149

PART 4 육류와 유제품을 이용한 요리놀이

육류
- **햄버그스테이크** 고기 반죽을 다양한 모양으로 만들어요 • 194
- **햄버거** 빵 사이에 버터를 바르고 고기를 넣어요 • 197
- **소시지** 동물의 창자 속에 고기를 넣어 굽던 소시지의 원리를 배워요 • 199

생선 & 달걀
- **어묵** 생선 반죽으로 예쁜 모양의 어묵을 만들어요 • 202
- **색깔메추리알** 메추리알을 예쁜 색깔로 염색해요 • 205

생크림
- **크림치즈** 우유 단백질이 산을 만나면 응고돼요 • 208
- **버터** 우유의 지방 입자가 한쪽으로 뭉쳐요 • 211

분유
- **분유사탕** 분유와 연유만으로 사탕을 만들어요 • 214
- **막대사탕** 물엿과 설탕, 주스로 예쁜 모양의 사탕을 꾸며요 • 216

특별부록 아이 손으로 만드는 천연 제품&입체 도형

천연 제품
- **천연 비누** 물과 기름이 만나는 비누의 원리를 배워요 • 220
- **베이비 로션** 유화제를 이용해 물과 기름을 섞어요 • 222
- **립밤** 벌집에서 채취한 밀랍으로 입술을 촉촉하게 해요 • 225
- **색깔양초** 크레파스를 이용해 예쁜 색의 양초를 만들어요 • 227

폼보드 & 우드락
- **정육면체 상자** 입체 도형의 구조를 배워요 • 230
- **로보카폴리 본부** 건축물의 구조를 배워요 • 234

PART 3 과일과 채소를 이용한 요리놀이

과일
- **과일&채소 그릇 볶음밥** 과일과 채소의 단면을 관찰해요 • 164
- **과일화채** 우유 바닷속에 빠진 과일을 상상해요 • 167
- **과일빙수** 온통 알록달록 눈으로 덮인 세상이에요 • 170
- **딸기잼** 당절임의 원리를 배워요 • 172

주스
- **젤리** 주스가 젤라틴을 만나서 젤리가 돼요 • 175

무 & 배추
- **무절임** 무 조각으로 입체 도형을 만들어요 • 178
- **배추김치** 발효과학과 삼투압의 원리를 이용해요 • 182
- **깍두기** 하얀 무가 빨간 옷을 입어요 • 185
- **양배추피클** 삼투압과 산·염기성의 원리를 배워요 • 187

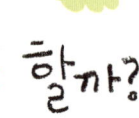 

왜 하필 부엌에서 놀아야 할까?

세상은 최첨단으로 발전을 거듭하고 있지만, 아기는 엄마의 보호가 절대적으로 필요하고 엄마를 통해 생존을 위한 여러 가지 기능을 학습한다는 자연의 법칙은 절대 바뀌지 않죠. 엄마의 머리는 끊임없이 변화하는 거대한 세상을 쫓고 있는데 엄마의 몸은 아직도 자식의 생명을 보호해야 하는 원시적 본능에 묶여 있으니 현대를 살아가는 여성은 이 상반되는 두 세계의 딜레마에 빠져 고민하지 않을 수가 없네요.

저 역시 결국 이런저런 갈등 끝에 육아와 일이라는 두 마리 토끼를 잡아보기로 결심했고, 너무나 분주한 하루하루를 보내기 시작했어요. 어쩌면 재택 근무라는, 남보다 유리한 상황이었기에 포기하지 않을 수 있었던 것 같아요. 하지만 겉보기엔 다른 엄마들이 부러워하는 처지에 있었어도 마감 날짜에 쫓기며 하루의 시간을 적절히 배분하는 일은 힘겨운 과제였답니다. 그래서 아이가 신생아일 때부터 나름의 시간 활용 원칙을 다음과 같이 정했어요.

첫째, '아이가 자는 시간은 무조건 나에게 투자하자'. 여기서 투자라는 것은 일과 공부, 독서이지요. 아이를 키우다 보면 온통 신경을 아이에게만 쏟다 보니 어느새 자기 계발은 뒷전이 되고 마는데요. 육아를 하면서도 자신을 돌보지 않으면 어느새 퇴보해버린 자신을 발견하곤 속상할 때가 많아요. 아이는 수면 시간이 길기 때문에 적어도 하루에 한두 시간은 엄마 자신에게 투자할 시간이 생깁니다. 이 금쪽같은 시간에 멍하니 TV를 보거나 집안일을 처리하기엔 너무나 아깝죠. 그래서 그 시간만큼은 온전히 나 자신을 위해 쓰는 겁니다. 번역 일을 했던 저는 주로 번역을 하거나 닥치는 대로 책을 읽었어요. 아이가 세 돌이 될 때까지 100권 이상을 읽었지요. 돌이켜보면 당시 금쪽같은 시간을 쪼개 읽은 여러 분야의 책들이 인생에 큰 전환점이 된 것 같습니다.

둘째, '아이가 깨면 무조건 아이와 함께 놀자'. 대략적이라도 시간을 정해 아이와 함께하면 그 시간이 더 활기차고 이런저런 잡생각 없이 아이랑 온전히 놀아주는 데 도움이 돼요. 시간 구분 없이 무작정 육아에 전념하는 전업 엄마의 경우 아이가 잘 때 집안일을 하고 아이가 깨면 특별한 계획 없이 시간을 때우듯 놀아주곤 하는데요. 그러다 보면 시간 활용이 제대로 안 되고 아이를 돌보는 일 역시 더 힘들게 느껴져요. 시간 구분 원칙이 도대체 무슨 쓸모가 있을까 감이 잘 안 잡힌다면 시간 관리를 하면서 그 일과를 매일 기록해 생활의 변화를 느껴보는 것도 한 방법이에요. 저는 프리랜서로 오래 일했기 때문에 작업 시간을 기록해서 정리하는 습관이 있었는데 그게 도움이 된 것 같아요.

처음부터 시간 구분을 명확히 하고 육아를 시작해서인지 제 육아 방식은 다른 엄마들과 조금씩 달랐어요. 저는 아이가 깨면 그때부터 본격적으로 집안일을 시작했답니다. 그러니 당연히 아이를 집안일에 끌어들여야 하는 상황이죠. 기저귀를 뺄 땐 그냥 욕실에 들어오게 했어요. 대야 2개에 식용색소를 탄 색깔 물을 각각 만들어준 후 수저랑 작은 플라스틱 컵을 여러 개 주면 아이는 색깔 섞는 재미에 빠져 한참을 시간 가는 줄 모르고 놀더군요. 그래서 빨강과 노랑을 섞으면 주황이 된다는 등의 원리를 아주 일찍부터 놀이를 통해 배우기 시작했죠. 음식을 만들 때 싱크대 위에 올라가고 싶다고 칭얼대면 그냥 개수대 위에 앉혀놨습니다. 그러면 개수대에서 물장난을 실컷 하면서 호기심을 맘껏 충족시켰지요. 때로는 싱크대 밑에서 엄마 발을 붙잡고 놀아달라고 칭얼대는 아이에게 그냥 음식 재료를 방바닥에 놓아주었어요. 혼자서 각종 채소 조각을 만지작거리다가 장난감 칼로 썰어보기도 하고 밀가루 반죽을 가지고 놀다가 손과 얼굴에 범벅을 하기도 했지요. 차가운 두부를 손으로 만져보고 뭉개보다가 절구와 방망이로 방아를 찧기도 했어요. 그때 갑자기 묘안이 떠올라서 식용색소 몇 방울을 떨어뜨려줬죠. 그러면 흰 두부의 색깔이 예쁘게 변하는 걸 보고 너무도 신기해했어요. 아이가 실수로 주방 바닥에 우유를 흘려놓고 엄마를 쳐다볼 때 역시 그 순간을 놓치지 않고 식용색소 몇 방울을 떨어뜨려줬어요. 그러면 빨강 노랑 초록의 색소가 흰 우유 위로 퍼지면서 만들어내는 신비스러운 물결무늬를 보고 탄성을 지르며 좋아했지요. 그러면 저 역시 같이 감탄하곤 했답니다.

이렇게 돌 지난 무렵부터 부엌에서 아이랑 놀기 시작하면서 뭔가 슬슬 감이 오기 시작했어요. 아이가 엄마랑 주방에서 노는 걸 정말 좋아한다는 것, 주방은 생각보다 위험하지 않다는 것, 또 아이가 좀 어질더라도 그걸 그냥 놀이 학습의 기회로 받아들이면 엄마 마음도 편해지고 아이도 더 많은 것을 자연스럽게 배울 수 있다는 것을 알게 되었지요. 억지로 뭔가를 가르치지 않아도 주방에서 충분히 많은 걸 배울 수 있겠구나 싶었답니다.

요리놀이가 답이다

그럼 아이들이 그토록 좋아하는 부엌이라는 환경을 둘러볼까요? 부엌은 첨단 과학과 전통 과학이 고스란히 살아 숨 쉬는 작은 박물관과도 같아요. 가스레인지, 전자레인지, 전기밥솥, 냉장고, 오븐, 핸드 블렌더, 저울 등 각종 전자 제품도 많고요. 쌀이나 곡물, 밀가루 등의 기본 재료는 물론 반찬통, 냄비, 그릇, 수저, 칼, 도마 같은 각종 도구도 많아요. 그리고 거대한 냉장고엔 채소, 육류, 달걀, 유제품, 소시지 같은 먹을 것이 수두룩하고요. 열자마자 안개처럼 하얀 냉기가 흐르면서 순식간에 모든 걸 얼려버리는 냉동실은 으스스한 마법의 성 같아요. 또한 주방에서는 발효, 삼투압, 용해, 응고, 열, 온도, 무게 등의 과학 원리도 발견할 수 있지요.

부엌에 있는 것들은 어느 것 하나 인류의 땀과 노력 없이 저절로 튀어나온 것이 없습니다. 인류의 조상들이 끊임없는 도전과 실험정신으로 수많은 시행착오를 거쳐 이루어낸 결실들을 우리는 부엌에서 정말 손쉽게 이용하고 있으니 말이에요. 이 모든 것을 아이가 하나하나 탐색해가면서 인류의 오랜 지식을 습득할 수 있다면 아이의 생각 주머니가 쑥쑥 자라는 값진 기회가 될 거예요. 그것도 계획적이고 인위적인 학습 프로그램이 아니라 호기심을 자극하는 가장 자연스러운 방식으로 말이죠.

예를 들어 아이와 함께 두부나 치즈를 만들면서 그 탄생의 역사를 공부할 수 있어요. 그 옛날로 돌아가 우연히 단백질 덩어리를 처음 발견하고는 호기심 어린 마음으로 연구를 시작한 꼬마 과학자가 되어보는 거예요. 그리고 김치나 잼을 만들면서 다양한 음식 저장법을 개발한 조상의 번뜩이는 지혜를 배울 수도 있지요. 채소를 소금, 설탕, 식초로 재우면 왜 잘 상하지 않고 오래 먹을 수 있을까를 생각하면서 음식의 저장법에 숨어 있는 마법 같은 화학의 원리를 깨칠 수 있어요. 이렇듯 부엌은 인류 과학의 역사를 고스란히 경험할 수 있는 최고의 교육 장소랍니다.

그럼 어린아이의 눈으로 부엌을 다시 한번 둘러볼까요? 아이는 기어 다니기 시작하면서부터 도대체 뭐가 있기에 엄마가 매일 부엌에서 뭔가를 뚝딱뚝딱 하는 건지 궁금해합니다. 호기심 가득한 마음으로 일단 부엌 진입에 성공하고 나면 싱크대 문을 열고 뒤지는 일부터 시작하지요. 그곳엔 정말 온갖 신기한 놀잇감으로 가득해요. 여러 모양과 크기의 반찬통을 다 꺼내서 뚜껑 열어보고 맞춰보고 색깔이 신기한 양념통의 냄새도 맡고 맛도 보니 이런 신기한 세상이 따로 없네요. 쌀, 콩, 밀가루의 촉감도 느껴보고 갖가지 냄비 뚜껑을 요란하게 두드리면서 세상의 신기한 소리들을 즐겨봅니다. 마지막엔 싱크대 살림을 다 꺼낸 후 그 속으로 몸소 들어가 부엌놀이의 하이라이트를 장식하지요.

아이의 이런 놀이는 어른이 생각하는 것 이상으로 많은 의미가 있어요. 아이는 다양한 크기의 반찬통을 만져보고 뚜껑도 맞추면서 공간감각을 키우고요. 밀가루와 다양한 곡물의 촉감을 비교하면서 물질의 다양한 형태를 경험해요. 냄비 뚜껑을 연주하면서 청각도 발달시키고요. 이처럼 아이는 누가 시키지 않아도 세상의 모든 정보를 마치 스펀지처럼 흡수하는 놀라운 학습 본능을 보여요. 아직 완성되지 않은 채로 태어난 아이의 말랑말랑한 뇌는 주변 세계의 모든 정보를 흡수해서 빠르게 성장할 준비가 되어 있답니다. 그러니 아이의 배움은 가장 자연스러운 것에서부터 출발하는 것이 좋아요. 인공적인 장난감이나 인위적인 학습 프로그램보다는 엄마와의 따뜻한 애착과 자연 그 자체에서 아이는 더 많은 것을 느끼고 배울 겁니다. 하지만 엄마가 장난감만 던져주고 싱크대 문은 열지 못하게 잠금장치를 해놓는다면 아이의 마음은 얼마나 답답할까요? 그 안에 재미있게 배울 만한 게 이렇게 많은데 말이죠.

엄마와 아이의 애착과 정서 모두에 좋아요!

요리놀이의 여러 가지 학습효과 못지않게 놀라운 것은 바로 아이의 정서에 미치는 영향이에요. 부엌에서 작은 일상을 엄마와 함께한 아이가 엄마와 강한 애착을 보이는 건 어쩌면 당연한 일이겠죠. 엄마에게 부엌은 일거리가 산더미같이 쌓인 힘든 노동의 현장일지 몰라도 아이에겐 내가 가장 사랑하는 엄마가 굉장히 중요하고 재미있는 작업을 매일 하는 환상적인 놀이터이지요. 아이는 그토록 중요한 부엌일에 엄마가 자신을 제외시키지 않고 참여시키는 것만으로도 가족의 한 일원이 되었다는 소속감을 느껴요. 자신이 뭔가 대단한 일을 하고 있다는 생각에 성취감과 자존감도 높아지지요.

아이와 요리놀이를 하면서 요리가 정서에 정말 좋다는 것을 몸소 경험한 것은 반죽하기와 쿠키 만들기였어요. 아이가 반죽을 요리조리 마음대로 만지면서 이런저런 모양을 내보고는 좋아하는데 아이의 만족감이 엄마에게 그대로 전달되었다고나 할까요? 말로 표현 못할 은근한 교감이 이뤄진 그 순간을 잊을 수가 없네요. 마치 창가에 비치는 은은한 햇살 같은 평화로운 느낌이었는데 '참 좋구나~' 하는 생각이 들었죠. 아이도 이런 따뜻한 추억과 행복한 마음을 가슴에 담아 인생의 힘든 시간을 잘 견딜 수 있었으면 하는 바람이에요. 놀이에는 반드시 특정한 학습 효과를 보려는 의도만 있는 것이 아니에요. 놀이를 통해 엄마도 같이 즐거워야 제대로 된 놀이입니다. 요리놀이뿐 아니라 그 어떤 놀이라도 엄마와 아이 사이에 교감이 잘 이뤄지는 게 중요한 것 같습니다.

평소에는 아이의 생활습관을 잘 들여야 하기 때문에 이런저런 잔소리를 안 할 수 없지요. 하지만 놀이 시간만큼은 엄마도 한번 과감해질 필요가 있어요. 한번쯤 완전히 아이 입장이 되어보는 겁니다. 아이를 제대로 키워야 한다는 부담감을 살짝 내려놓아 보세요. 오랜 세월 학습된 때 묵은 어른의 시각을 버려보세요. 그러면 아이처럼 느끼고 아이처럼 세상을 보면서 내 아이의 감정을 온전히 공감할 수 있어요. 엄마가 행복해야 아이도 행복하다는 말이 있지요. 엄마에게 충분히 공감을 받은 아이는 세상에 대해 왜곡된 시각을 갖지 않고 당당히 살아갈 수 있습니다.

심리학에서는 마음이 괴로울 땐 내면의 상처받은 어린아이를 바라보라는 말이 있습니다. 아이는 태내에서부터 출생 후 영·유아기와 아동기를 거치면서 육체적으로 엄청난 성장을 하면서 정신 역시 타고난 뇌의 프로그램에 따라 일정한 성장의 단계를 거치는데요. 그때마다 주어진 과업을 제대로 수행하지 않고 넘어가면 미해결된 과제가 무의식에 남아 고착되고 말아요. 그러면 그 내면에 성장을 멈춘 아이가 이런저런 모습으로 나타나며 평생을 갉아먹을 수 있습니다. 그래서 심리 치료는 그 내면의 아이로 되돌아가 당시 끝내지 못했던 과업을 다시 끝낼 수 있도록 엄마처럼 공감해주고 어루만져주면서 극복할 수 있도록 길을 안내하는 과정으로 이루어집니다. 하지만 이 과정이 말처럼 쉽지 않아요. 그리고 우리는 자기 감정을 생각만큼 제대로 읽지 못합니다.

세상에 태어난 아기는 자기 안에 드러나는 낯선 감정들을 처음 접하는데 그때 엄마가 그 감정을 온전히 받아주면 아이는 자신의 감정을 읽고 처리하는 법을 배워요. 이게 잘 이뤄지지 않으면 감정의 얽힌 실타래가 끊임없이 그 엉킴을 반복하면서 골이 점점 깊어지지요. 그 엉킴을 풀기 위해서는 마음속 어린 시절로 되돌아가는 길을 안내받아야 하고 자신의 진짜 감정을 바라보는 연습이 상당 기간 필요해요.

아이와 함께하는 놀이에는 이런 심리 치료 효과도 있어요. 주위를 보면 육아의 고통을 호소하는 엄마들이 정말 많아요. 그 누가 아이는 축복이라고 말했나 싶을 정도로 상당히 많은 엄마들이 실제로는 행복감이 떨어지고 삶의 무기력함을 느껴요. 그러고는 자신의 무의식에 남아 고착되어 있던 고통을 자식에게 대물림하는 돌이키기 힘든 과오를 범하기도 하지요. 문제 해결의 열쇠는 아이가 아니라 엄마의 마음에 있어요. 육아를 통해 어쩌면 신이 내려주셨을지도 모를 인생의 새로운 기회를 만날 수 있어요. 바로 어린 시절의 감정으로 되돌아가보는 기회죠. 아이를 낳으면 세상이 달라 보인다고 하죠. 아이와 함께하는 놀이를 통해 긍정적인 감정의 경험을 되풀이하면서 자신의 엉킨 감정도 반복적으로 바라보고 치유할 수 있습니다. 놀이 시간만큼은 완전히 아이와 눈높이를 맞추고 아이의 눈으로 세상을 보면서 아이처럼 즐겨보세요. 내면의 상처받은 어린아이를 다시 만나 어루만져주는 소중한 기회가 될 거예요.

심리학 이론에 따르면 모래, 찰흙, 물감, 나무, 종이 등과 같이 아주 단순한 재료는 아이가 자신의 감정을 투사하기 좋다고 해요. 출생할 때 아기는 자기 존재에 대한 느낌 자체가 없어요. 신생아일 때는 엄마와 자신을 동일한 존재로 인식하지요. 낯가림을 시작하면서 외부 세계와 자신이 다르다는 것을 서서히 인지하고 불리불안을 느끼면서 엄마에게 맹목적으로 매달리는 강한 생존 본능을 보여주죠. 조금 크면 본격적인 떼쓰기와 반항을 하면서 자신의 자아를 엄마랑 분리시키고 서서히 독립을 준비하고요. 이런 생애 초기의 과정에서 아이가 주어진 과업을 잘 수행하고 넘어가려면 따뜻하게 공감하고 수용해주는 엄마와의 안정적인 애착이 중요해요.

천연가루

식습관 개선에 도움이 돼요!

아장아장 걷기 시작하면서부터 아기는 바깥 나들이를 참 좋아해요. 하지만 아이의 손을 잡고 세상 구경시켜주려고 밖을 나설 때 엄마들은 전혀 예상치 못한 공공의 적을 만나게 됩니다. 바로 어른들의 사탕 주기예요. 우리 아이 예쁘다고 귀여워서 막대 사탕 하나씩 건네주는데 그 친절함에 거절도 못하고 고맙다고 받기 시작하다 보면 아이는 어느새 사탕을 가지고 요리조리 장난하다 그만 그 맛을 알아버리고 말지요. 그때부터 사탕과의 한판 전쟁이 시작됩니다.

아이가 가는 곳곳마다 달콤함의 유혹이 어찌나 많은지요. 세상은 온통 아이의 어린 영혼을 유혹해서 돈주머니를 채우는 데 혈안이 된 듯합니다. 시판 과자에 잔뜩 들어간 각종 합성 첨가물을 생각하면 마음이 여간 불편한 게 아니에요. 그렇다고 무조건 못 먹게 하는 것도 아이 정서에 좋지 않고요. 단 과자를 많이 먹다 보면 정작 중요한 밥을 적게 먹어 아이의 성장도 걱정이에요. 어차피 뿌리치기 힘든 달콤함의 유혹이라면 아이와 함께 좀 더 적극적으로 건강한 맛을 찾아보세요.

건강한 재료로 아이와 함께 간식을 만들어 먹다 보면 아이가 사탕을 덜 찾기도 하고요. 함께 노는 친구들에게도 나눠주면서 과자를 덜 먹는 분위기를 만들 수도 있어요. 또 편식하는 아이는 엄마랑 요리를 하면서 음식에 대한 관심을 키우고 편식을 줄일 수도 있답니다.

값비싼 교구, 홈스쿨링, 놀이 학원보다 좋아요!

요리놀이가 다양한 학습 효과를 보인다는 주장이 이미 정설로 받아들여져 최근에는 유치원이나 어린이집에서 요리 실습을 많이 하고 갖가지 놀이 학원에서도 요리를 주제로 한 활동이 많아졌어요. 또한 어린 아이에게 한글이나 수의 연산을 너무 빨리 가르치는 것이 오히려 두뇌 발달 패턴에 맞지 않아 지능은 물론이고 상상력과 창의력을 떨어뜨린다는 보고들이 속속들이 나오면서부터 자유로운 놀이의 중요성이 널리 확산되는 추세예요. 유아교육의 방향이 좀 더 자연친화적이고 유아친화적인 쪽으로 흐르고 있다고나 할까요?

하지만 집에서 하는 요리놀이가 번거롭기도 하고 치우는 게 성가시기 때문에 유치원 요리 실습이나 각종 놀이 학원의 프로그램에 맡기는 경우가 많더군요. 그런데 이런 요리 프로그램은 엄마의 도움이 필요한 영아기 아이보다는 유치원 연령대로 맞춰진 경우가 많아요. 선생님의 통제하에서 해야 한다는 제한이 있기 때문에 요리의 일부분만 경험하는 경우도 많고요. 그런데도 엄마가 스스로를 믿기보다는 다양한 어휘로 개념 설명을 잘 해주는 선생님의 지도에 의지하곤 하는데요, 놀이를 교육 프로그램으로 보지 않고 매일매일 일상에서 벌어지는 생활의 일부로 받아들인다면 엄마도 자신감을 갖고 요리놀이를 직접 시도해볼 수 있지 않을까요? 더욱이 아이는 엄마와 같이 있는 편안한 일상에서 자신의 감정을 더욱 풍부하

게 표현해요. 놀이 학원의 수업보다 체계적이지는 못해도 아이의 정서를 충분히 담을 수 있기 때문에 더 진한 행복감을 주기도 하고요.

하지만 엄마표 요리놀이로는 뭔가 부족하지 않을까 걱정을 하기도 해요. 요리를 통해 수학과 과학의 기본 개념을 익힐 수 있다고는 하지만 더 복잡한 개념을 배우는 데는 고가의 교구나 홈 스쿨링을 활용해야 하지 않을까 의문이 생기도 하고요. 아이를 키우면서 유명 교구의 유혹에 흔들려보지 않은 분은 없을 거예요. 전문가가 만든 고가의 교구 수업을 받지 않으면 내 아이가 남보다 뒤처지지 않을까 하는 불안감이 들죠. 저 역시 그런 유혹에 많이 흔들렸는데요, 그때마다 든 생각은 바로 기본으로 돌아가자는 것입니다. 아이는 자연에서 배우고 스스로 큰다고 하지요. 아이는 태어날 때부터 그 누가 가르쳐주지 않아도 생존을 위한 강한 학습 본능을 보입니다. 때가 되면 뒤집고 기고 잡고 일어서고…. 아이가 보여주는 본능의 힘은 실로 감동적이에요. 아이는 주위의 모든 것을 맛보고 만지고 뛰어들고 도전하면서 배움을 향한 노력을 한시도 게을리하지 않아요.

이렇듯 타고난 아이의 학습 본능을 인공적인 것으로 희석시키고 싶지 않았다고나 할까요? 아이에게 가장 좋은 선생님은 엄마입니다. 마치 엄마 호랑이가 아기 호랑이에게 거친 숲 속에서 살아남는 법과 사냥하는 법을 가르쳐주듯이 아이에게 생존의 비법을 가장 잘 가르쳐줄 수 있는 사람은 바로 엄마입니다. 아주 어릴 적부터 교구 수업을 해야 한다고 주장하는 광고를 보면 마치 모유에 영양소가 부족하니 발육을 촉진하는 영양소를 첨가한 분유를 먹여야 한다고 말하는 것만 같아요. 분유가 모유의 대용품이듯이 교구 수업은 차선이지 최선은 아니라고 봐요.

물론 본격적인 지식 교육에 들어가면 엄마의 손을 벗어날 수밖에 없지요. 하지만 지식 교육보다 더 중요한 유아 시절의 기본 교육만큼은 엄마가 가장 좋은 선생님이지요. 고가의 교구가 좀 더 다양한 수학의 기본 개념을 담고 있는 것은 맞아요. 하지만 전문가가 심혈을 기울여 만들어 완벽해 보이는 교구에도 단점이 숨어 있다고 해요. 아이의 사고나 지식 습득의 방식이 정형화되는 면이 있고 지나치게 교구에 의존한다거나 교구를 벗어난 현실에는 응용하지 못하는 단점이 있다고 하네요. 하지만 엄마랑 하는 요리놀이는 재료의 변형이 가능하고 한 가지 재료를 여러 방식으로 응용할 수 있어 정해진 틀이 아닌 다양한 사고가 가능하지요. 예를 들어 엄마와 함께 깍두기를 만들 때에도 무를 썰면서 정육면체를 감각적으로 익히고 무에 이쑤시개를 꽂아보면서 도형의 선과 꼭짓점을 배우고 입체 도형도 만들어요. 두부나 다양한 채소를 요리조리 썰면서 입체의 단면도 익힐 수 있고요.

일찍부터 책상 앞에서 지식 공부를 접한 아이보다 숲에서 돌멩이나 나무와 같은 자연물을 가지고 직접 노는 아이가 상상력과 창의력이 더 좋을 뿐만 아니라 수학과 과학에 대한 기본 개념도 더 탄탄하다고 해요. 그리고 생활의 갖가지 많은 것들에서 호기심을 하나하나 채워가는 것 역시 공부죠. 만약 주머니 사정이 넉넉하지 않은데도 고가의 교구 수업에 마음이 흔들린다면 아마도 문제는 불안한 엄마의 마음에 있을지 몰라요. 왜 내가 그토록 아이 교육에 불안해하는가? 왜 다른 아이들보다 앞서야 한다고 서두르는가? 이런 불안한 마음을 먼저 읽고 내 아이를 가장 사랑할 수 있는 방법과 또 더불어 나를 가장 사랑할 수 있는 방법을 먼저 생각하는 것이 아이를 가장 잘 교육시키는 방법일지 모릅니다.

요리놀이는 수학과 과학의 기본 개념 익히는 데 가장 효과적!

저는 아이와 요리놀이를 할 때 재료의 가짓수를 같이 세어본다거나 과일을 썰 때 모양을 관찰하는 것에 신경을 썼어요. 또 종이 박스, 요구르트 병, 폼보드를 이용해 아이와 집을 그야말로 여러 채 만들어보았답니다. 시중에 입체 도형 감각을 키워주는 각종 화려한 교구들이 많이 나와 있는데요, 손쉽게 뚝딱뚝딱 붙이기만 하면 되는 교구보다는 힘들더라도 엄마와 함께 그 원리를 고민하고 요리조리 맞춰가며 실패도 하면서 공작의 전체 과정에 함께 참여해보는 것이 더 유익하리라는 직감이 들었습니다. 그리고 엄마와 함께 집을 창작하는 과정 내내 아이는 과연 어떤 집이 만들어질까 기대를 하고 공간에 대한 상상을 계속 이어가요. 그런 기다림과 설렘은 아이가 커서 어떤 목표를 위해 기나긴 인내의 과정을 참아내야 할 때 든든한 버팀목이 되리라 기대해봅니다.

또한 아이가 놀이를 통해 수학의 기본 개념을 익히면 다른 과학도 더불어 자연스레 해결되는 면이 있어요. 요리는 과학을 배우기에 더없이 좋은 놀이예요. 인류의 과학이 어디에서부터 시작되었을까요? 그건 인류가 최초로 불을 사용하는 법을 배우고 그 불에 음식을 익혀 먹으면서 시작되었죠. 동물을 사냥하고 채소를 키우면서 불을 이용해 요리를 하고 그 음식을 저장하는 법을 배우면서 인류의 뇌가 엄청난 속도로 발달했을 거예요. 우리 조상들이 뇌를 진화시킨 그 본연의 방법으로 돌아가서 한 음식이 어떻게 출현하게 되었는지 그 탄생의 기원을 캐는 것도 아이의 두뇌를 획기적으로 성장시킬 수 있을 거라 생각했어요.

예를 들어 딱딱한 팥을 불을 이용해 끓이면 아주 부드러운 단팥이 되지요. 쌀이나 밀도 단단해서 그냥은 먹지 못해도 쌀가루를 만들어 떡을 하고 밀가루로 다양한 빵을 만들면서 곡물의 다양한 활용법을 배울 수 있어요. 딱딱한 콩을 삶으면 부드러워지고 공기 중에 떠다니는 곰팡이균을 이용해 발효시키면 몸에 좋고 흡수도 잘 되는 된장이 돼요. 이처럼 다양한 음식의 출현 과정을 재현해봄으로써 아이는 인간 본연의 호기심으로 돌아가 과학적 사고력을 쑥쑥 키울 수 있답니다.

그러면, 이제부터 아이와 요리놀이를 할 때 수학과 과학의 기본 개념을 익히는 방법을 소개할게요.

첫째, 엄마가 말하는 지시어를 잘 이해하는 게 기본이죠! 수학은 굉장히 추상적인 학문이에요. 추상성 때문에 학교에서 배우는 수학을 어려워하기도 하고 수학을 필요 없는 학문이라고 생각하기도 하지요. 하지만 수학은 학문의 기본이고 고도의 사고력과 논리력을 키워줄 수 있어서 절대 간과해서는 안 돼요. 그렇다고 일찍부터 어린아이에게 '1+2' 같은 연산을 시키는 건 의미가 없어요. 아이는 수학의 개념을 구체적인 사물을 통해 경험해야 합니다. 놀이를 통해 수학의 추상성을 이해하면 나중에 수학을 잘하는 데 도움이 되죠. 아이와 요리놀이를 할 때 '위', '아래', '옆', '가운데' 등과 같이 사물의 위치를 가리키는 지시어를 일부러 자주 사용하세요. 나중에 어려운 학습지를 통해 수학을 배우기보다는 일상생활에서 엄마와의 대화를 통해서도 그 기본을 충분히 닦을 수 있어요. 요리를 하면서 아이에게 심부름을 시킬 때 많은데 그럴 때도 그 사물의 위치를 정확한 지시어로 표현하세요. 아이가 엄마의 지시어를 정확히 이해하는 것은 학습에 굉장히 도움이 됩니다. 엄마가 정확한 지시어를 사용하지 않고 대충 "거기 있잖아! 넌 왜 말귀를 못 알

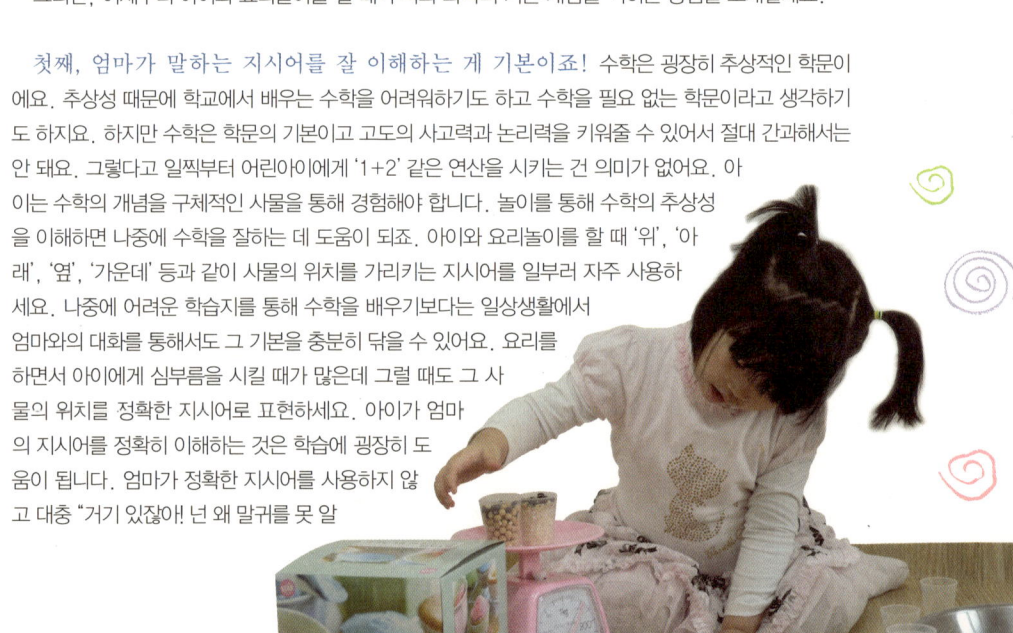

아듣니?"라고 말하면 안 되겠죠. 우선 일상생활에서 엄마부터 지시 사항을 정확한 언어로 표현하고 아이가 정확히 알아들을 수 있도록 기다리고 배려해주세요.

둘째, 재료를 특징별로 분류해요. 요리를 할 때 육류, 채소, 과일 등을 분류할 수 있어요. 또는 각종 채소를 부드럽거나 딱딱한 순서대로 나열해볼 수 있어요. 주먹밥이나 인절미, 송편을 만들 때도 색깔별로 나눠 담고 케이크를 꾸밀 때도 기본 재료와 꾸밈 재료를 나눌 수 있어요. 이처럼 일상의 요리놀이에서 특정한 기준을 정해 재료를 나누는 활동은 수학의 분류 개념을 배우는 데 도움이 된답니다.

셋째, 재료를 순서대로 규칙에 맞게 나열해봐요. 수학에서는 패턴 원리가 중요해요. 지능 검사나 적성 검사에서도 일정한 패턴을 기억해서 다음번에 나오는 숫자나 도형을 맞추는 문제가 있어요. 패턴을 빠르게 파악하는 것이 지능과 관련성이 있다는 뜻이겠지요. 김밥이나 과일꼬치를 만들면서 아이와 재료를 나열하는 순서를 미리 정하고 그대로 적용해보는 것도 좋아요. 단순한 놀이 같지만 아이가 패턴 찾기에 익숙해지는 것은 생활 속에서 작은 수학의 실천이지요.

천연색소

넷째, 요리하면서 수를 세고 양을 측정하고 길이를 재고 비교해봐요. 피자를 자를 때도 2개, 4개, 6개, 8개라고 개수를 말하면서 자연스럽게 배수의 개념을 익힐 수 있고, 양쪽으로 같은 모양이 나오는 것으로 대칭의 개념을 감각적으로 익힐 수 있어요. 피자 조각을 하나씩 먹으면서 뺄셈도 배우고요. 요리를 할 때 '크다/작다', '길다/짧다', '많다/적다', '두껍다/얇다'는 식으로 재료의 길이, 부피, 두께의 개념을 표현해보세요. 또한 재료를 넣을 때도 1컵, 2컵 하는 식으로 측량 단위의 숫자로 정확히 세어보세요. 그램(g)이나 밀리리터(㎖)의 의미는 몰라도 컵, 숟가락, 마디 등의 표현으로 기초적인 측량 단위를 익힐 수 있답니다. 이것은 나중에 수학의 측정 개념을 배울 때 도움이 되지요. 또한 재료를 썰 때도 "모두 같은 크기로 썰어보자"라고 제안하면서 길이를 가늠하는 능력을 키우도록 유도할 수 있어요. "그럼 이번엔 3등분을 해볼까? 똑같은 크기로 3개의 조각이 나오게 썰면 돼"라고 말하면서 아이가 전체 중에 부분을 이해하고 나누는 연습을 해볼 수 있답니다.

다섯째, 재료를 자르면서 여러 모양의 도형을 배워요. 재료는 칼로 자르는 방향에 따라 모양이 달라지지요. 두부나 무, 각종 채소를 썰면서 그 단면을 관찰해요. 입체 도형에 대한 감각을 자연스럽게 배울 수 있어요. 초등학교 고학년이 되면 입체 도형을 배우는데 아이들이 상당한 어려움을 겪지요. 엄마와 자연스럽게 자연물을 가지고 미리 경험해본 아이라면 입체 도형에 대한 이해가 훨씬 쉬울 거예요. 굳이 거창한 요리를 준비하지 않아도 간단히 샌드위치를 자르면서 "샌드위치 모양이 네모네! 어떻게 하면 세모로 자를 수 있을까?"라는 식의 가벼운 대화로 아이의 호기심을 유발할 수 있습니다.

여섯째, 만드는 과정에서 재료의 모양 변화를 관찰해요. 평범한 요리도 모양 틀을 이용하면 재미나게 변화하지요. 아이들은 단순한 주먹밥도 모양 틀로 예쁜 모양을 만들면 참 좋아해요. 모양 틀이란 작은 도구만 있으면 무엇이든 요리놀이가 돼요. 약식, 양갱, 젤리, 무 절임 등도 기왕이면 예쁘게 만들면서 공간과 미적 감각을 키워요.

모양 틀

*다양한 모양 틀은 쿡앤베이크 또는 쿠키베베(www.cookiebebe.com) 등에서 구입할 수 있어요.

일곱째, 조리 과정에서 재료의 화학적 변화를 관찰해요. 딱딱한 팥을 삶으면 열에 의한 팽창으로 부드러워지고 배추를 소금물에 절이면 삼투압 현상으로 인해 부피가 줄고 힘이 없어져요. 이처럼 아주 단순한 요리에도 아이들이 배울 수 있는 과학의 원리가 숨어 있어요. 양갱, 젤리, 딸기잼, 치즈, 두부, 된장 등은 모두 원재료의 화학적 변화를 관찰하기에 좋아요. 요리를 할 때 그 변화의 원리를 살짝 귀띔해주면 아이는 호기심에 눈이 반짝반짝 빛나요. 요리할 때 배웠던 원리를 일상의 다른 것에도 적용하고 세상의 모든 사물과 현상에는 그 원인과 구조가 있다는 걸 감각적으로 깨달아요. 아이의 호기심은 꼬리에 꼬리를 물고 커져 사소한 일상도 호기심과 궁금증으로 대하죠. 세상은 온통 신비로운 진리로 가득 차 있고 지식의 열매를 따 먹는 맛은 아주 달콤하다는 걸 아주 어린 시절부터 조금씩 배워나간다면 나중에 커서 힘들고 어려운 공부도 잘 참고 할 수 있으리라 희망을 가져봅니다.

나무 보호막

요리놀이를 위한 기본 준비

- 아이들은 색깔과 모양이 예쁜 음식을 좋아하고 물체의 변화를 눈으로 직접 확인하는 걸 좋아해요. 평범한 요리라도 모양 틀을 이용하거나 천연 가루로 예쁜 색을 내면 훌륭한 요리놀이가 된답니다.
- 아이가 채소를 싫어하는 경우 채소를 잘게 썰어 잘 보이지 않게 살짝 넣는 방법을 이용해요.
- 휴대용 가스레인지나 핫 플레이트가 필요한 요리를 할 때 나무 보호막을 만들어 쓰면 좋아요. 저도 처음엔 불을 사용하지 않는 요리만 했어요. 그러니 할 수 있는 요리에 한계가 있더군요. 아이가 어느 정도 크고 충분히 조심할 수 있는 연령대가 되었을 때 가까운 목공소에 가서 저렴한 가격으로 나무 보호막을 제작했답니다. 덕분에 아이와 함께 할 수 있는 요리가 훨씬 다양해졌어요. 아이들이 좋아하는 짜장밥이나 떡볶이 등을 같이 해먹을 수 있어 참 좋아요.
- 부엌에 요리놀이를 위한 상비 재료를 구비해놓아요. 천연 색소, 천연 가루, 모양 틀, 제빵 재료, 나무 보호막 등을 구비해놓으면 손쉽게 자주 요리놀이를 할 수 있어요. 때로는 싱크대를 뒤지다 재료를 발견하고는 아이가 먼저 놀자고 제안을 한답니다.

요리놀이가 번거롭다고 느끼는 엄마들에게

- 아이랑 요리할 시간이 없어요!

어쩌면 직장과 가정을 오가며 아이를 돌보느라 바쁜 일하는 엄마야말로 요리놀이가 가장 필요할지 몰라요. 아이를 어린이집에 맡기고 저녁에 데려오면 정말 씻기고 먹이고 재우느라 정신이 없죠. 엄마는 부랴부랴 저녁을 준비하고 아이는 혼자 놀게 방치하는 경우가 많아요. 그러고는 피곤한 엄마를 더 이상 괴롭히지 말고 조금이라도 빨리 잠자리에 들기를 학수고대하지요. 엄마도 쉬고 싶으니까요. 하지만 아이는 하루 중 엄마와 만날 수 있는 이 저녁 시간을 얼마나 애타게 기다렸을까요. 아무리 바쁜 엄마라고 해도 저녁 시간만큼은 아이 곁에서 함께 따뜻하게 놀아주는 시간이 꼭 필요해요. 이 소중한 시간에 다른 장난감이나 교구, 학습지를 들이밀지 말고 아이랑 온전히 함께 놀아주는 따뜻한 시간으로 채워야 합니다.

저 같은 경우 낮에 일하면서 '오늘 저녁엔 아이랑 뭘 하며 놀까' 짬짬이 고민하고 머릿속으로 대충 구상을 짜놓곤 했어요. 그리고 저녁에 아이랑 요리를 하나씩 만들어본 후 다음날 어린이집에 간식으로 싸주곤 했답니다. 그래서인지 저녁 반찬을 무엇으로 할지보다는 아이랑 어떤 요리를 같이 해볼지를 더 많이 고민했네요. 아이랑 요리를 하면 시간도 많이 걸리고 부엌을 어질러서 치우는 일이 골치 아프긴 하죠. 하지만 하루 중 바쁜 엄마가 아이와 놀아줄 수 있는 시간은 저녁밖에 없으니 감수해야지요. 처음에는 아이랑 같이 할 수 있는 요리 메뉴가 딱히 없어서 힘들지도 몰라요. 하지만 함께하는 놀이의 즐거운 맛을 알게 되면 점점 더 다양한 메뉴를 찾아 시도해보는 재미가 슬슬 붙기 시작해요. 다양한 요리놀이 메뉴에 익숙해지면 나중엔 특별히 새로운 메뉴를 찾지 않고도 기존의 것을 반복해서 응용할 수 있어요. 또래 친구들을 불러서 놀이 이벤트를 꾸미는 재미도 쏠쏠하답니다.

요리놀이를 통해 아이가 부쩍부쩍 성장하는 모습을 보면 보람을 느껴요. 아이의 관찰력과 집중력이 향상되고 어떤 상황에서도 제대로 잘 놀 줄 아는 아이로 큰답니다. 엄마와 아이가 공동 작업에 익숙해지면 소위 말하는 팀워크, 팀플레이가 가능하다고나 할까요? 아이의 태도가 굉장히 협조적으로 바뀌어요. 요리로 시작한 놀이가 다른 영역으로 확대되고 진화하는 면도 있어요. 즉, 언제까지 아이랑 요리놀이만 하는 건 아니라는 거죠. 어느 정도 크면 아이 스스로 집 안의 물건을 재활용해서 창의적으로 놀기 시작한답니다. 그때부턴 아이가 하고 싶어 하는 것 위주로 맞춰주면 돼요.

● **아이가 부엌을 어지르는 걸 그냥 못 보겠어요. 음식 가지고 장난치는 걸 내버려두면 정리를 잘 못하는 아이로 자랄까 걱정이에요.**

집에서 이것저것 맘껏 만지고 너무 자유롭게 놀게 하면 밖에 나가서 남에게 폐를 끼치지 않을까 걱정을 하는 엄마들이 많습니다. 그래서 집에서 더럽거나 위험한 짓은 절대 못하도록 엄격하게 훈육하곤 해요. 하지만 이런 아이가 오히려 밖에서 욕구 분출을 한다는 것 아세요? 집에서 엄마와 자유롭게 논 아이는 자신의 욕구가 충분히 해소되었기 때문에 밖에서 다른 사람을 괴롭히는 민폐를 끼치지 않아요. 강한 제재를 받은 아이일수록 내면의 욕구가 해소되지 않아 밖에서 문제 행동을 일으키는 경우가 많습니다. 최악의 경우는 처음엔 안 된다고 못을 박았다가 아이가 떼를 쓰면 허용하는 거예요. 떼를 늘게 하는 지름길이죠. 일관된 양육 방식으로 엄마와 아이 사이에 신뢰를 회복하는 것이 매우 중요합니다.

놀이를 할 때 일정한 한계를 미리 설정하면 무질서한 아이로 자라지는 않는답니다. 밀가루나 쌀 놀이를 할 때 경계선을 정해서 여기에서만 하자고 미리 제안하세요. 경계를 설정해주고 그 안에서는 맘껏 놀아도 된다고 말하면 아이는 충분히 자신의 욕구를 해소하면서 마음 편하게 놀지요. 또는 집에서는 밀가루나 쌀 놀이를 할 수 있지만 밖에서는 다른 사람이 싫어할 수도 있으니까 하면 안 된다고 확실히 선을 그어 줄 수 있어요. 제 아이의 경우 어느 정도 큰 후에는 놀이를 할 때 스스로 조심하면서 지저분한 놀이로 사고를 치는 횟수가 줄기 시작했고, 조금씩 손수 치울 줄도 알게 되었어요. 밀가루나 쌀 놀이 등 집 안을 난장판으로 만드는 놀이를 할 나이는 따로 있구나 싶었죠. 어린 시절 아이가 정말 하고 싶어 할 때 맘껏 하게 내버려두세요. 어느 정도 크면 알아서 지저분한 놀이를 하지 않아요. 아이의 관심사는 이미 더 큰 다른 것으로 옮겨갔고 더 창의적인 새로운 놀이를 찾아서 하고 싶거든요. 아이가 말썽을 피울 나이엔 다양한 놀잇감으로 충분히 말썽 피울 수 있도록 내버려두세요. 언젠가는 우리 집 개구쟁이가 온 집 안을 쑥대밭으로 만들며 마구 놀던 시간이 추억이 되어 그리울 날이 올지도 모르니까요.

요리놀이를 통해 마음을 치유하는 방법

요리놀이를 통해 여러 가지 학습 효과를 맛보는 것도 좋았지만 가장 좋았던 점은 바로 엄마와 아이의 마음이 동시에 치유되는 경험이었어요. 육아를 하면서 엄마도 스트레스를 받지만 아이는 이제껏 경험해보지 못한 갖가지 낯선 상황들로 인해 만만치 않은 스트레스를 받아요. 하지만 아이는 어른과 달리 자신의 감정을 언어로 표현하기 어렵죠. 그래서 울고 떼쓰며 칭얼대는 엉뚱한 방식으로 감정을 표출하는 거예요. 아직 익숙하지 않은 세상에서 여러 가지 낯선 상황과 낯선 감정을 만나는 생소한 경험을 놀이를 통해 상징적으로 표출하고 재현함으로써 스스로 상황과 감정을 정리하고 처리하는 법을 배울 수 있습니다. 놀이를 통해 아이가 스스로를 치유하는 이 회복력은 정말 놀라울 정도예요. 여기에 엄마의 이해와 공감까지 더해진다면 치유의 경험을 함께하는 경지까지 끌어올릴 수 있어요.

엄마와 아이를 행복하게 하는 요리놀이의 원칙

- 아이의 놀이를 위해 편안한 환경과 분위기를 만들어요. 일정한 공간을 자유로운 놀이를 위해 할애해 주세요. 놀이 재료를 항상 정해진 장소에 배치해 아이에게 안정감을 주는 것도 중요해요. 없어진 재료를 찾느라 아이의 창조적인 에너지를 다른 곳에 허비하지 않기 위해서이기도 하고요.
- 놀이를 할 땐 아이에게 선택권을 줘요. 엄마는 일방적인 지시보다 아이가 스스로 선택할 수 있도록 안내자의 역할만 해요. 선택권을 뺏기는 것은 스스로 결정하고 책임질 능력을 키울 수 있는 기회를 박탈당한 거나 다름없어요. 이러한 박탈이 반복되면 스스로 의사결정을 내리는 걸 힘들어하고 부모에게 지나치게 의존하는 마음이 생기지요. 겉으로는 말 잘 듣고 순종하는 듯 보여도 아이는 내면에 분노를 감추고 키운답니다. 그 분노는 성장 후 전혀 예상치 않은 다른 방식의 공격성으로 표출되기도 해요. 선택권을 아이에게 주고 아이가 스스로 책임지고 길을 닦아나갈 수 있도록 옆에서 지켜보며 때때로 도와주는 역할에만 만족하는 게 좋답니다. 요즘에는 단순한 주입식 교육이 아닌 놀이를 통한 학습의 중요성이 강조되면서 엄마들이 아이를 여기저기 놀이 학원에 데려다주는 로드 매니저 역할을 하기도 하는데요, 어른이 주도한 놀이 수업이 기대만큼 효과를 거두지 못한다는 보고도 있어요. 아이는 스스로 놀잇감을 찾아 창조적으로 놀 수 있는 놀라운 능력을 보유하고 있어요. 아이의 그런 타고난 능력을 믿고 좀 더 기다려주는 여유가 필요합니다.
- 아이가 놀이에 빠져 있을 땐 되도록 많이 개입하지 마세요. 놀이에 빠져 있는 아이는 어느새 자기 내면의 세계를 만나고 있는지도 모르거든요. 이럴 땐 되도록 개입하지 말고 혹시 아이가 불필요한 실패에서 좌절감을 겪을 것 같을 때만 도움을 줘요. 예를 들어 여름에는 더운 날씨로 쿠키 반죽이 많이 물러지기 때문에 쿠키 틀로 찍는 과정에서 반죽이 엉길 수 있어요. 그럴 땐 반죽을 밀대로 민 후 냉동실에서 살짝 냉

동해서 찍도록 도와줘요. 찹쌀밥을 찧어 인절미를 만들 때도 방망이에 반죽이 자꾸 달라붙어 불필요한 좌절감을 겪을 수 있어요. 이럴 땐 방망이에 물을 묻히라는 조언 정도만 해주세요.

- 아이의 의도와 감정을 엄마가 말로 표현해줘요. 엄마가 아이의 생각과 감정을 거울로 비추듯이 그대로 나타내면 아이가 스스로 통제하는 데 도움이 돼요. '~을 해보고 싶었구나?', '~하려고 했는데 잘 안 돼서 속상하구나?' 등과 같이 엄마가 아이를 대신해서 생각과 감정을 읽어주면 아이는 자기 안에 떠오르는 새로운 생각과 낯선 감정을 명확히 정의하기 쉽고 따라서 스스로 처리하기도 쉬워요. 여기에서도 엄마의 의도나 생각은 잠시 내려놓는 연습이 필요합니다.

- 칭찬을 할 땐 구체적으로 해요. 단순히 '잘했네', '똑똑하네', '머리가 좋네'라는 칭찬이 오히려 독이 되는 건 아시죠. 아이의 지능이나 결과에 대한 칭찬은 아이가 새로운 시도나 자신 없는 부분에 도전하는 것을 방해해요. 아이가 칭찬해주는 사람을 의식하고 계속 잘하는 결과만 보여주려고 하기 때문이죠. 오히려 '~를 이렇게 하니까 좋네', '지난번보다 나아졌구나' 하는 식으로 구체적으로 표현하면서 노력의 과정을 칭찬해주세요. 때로는 요리 작업을 능숙하게 하는 엄마를 보고도 아이는 좌절감을 느껴 시도조차 안 하려고 할 때가 있어요. 그럴 땐 "엄마도 처음에는 못 했어. 연습을 많이 해서 잘 하는 거야" 라고 말해주면서 아이가 작업을 계속 시도할 수 있도록 격려해주세요.

- 놀이가 끝나면 아이에게 느낌을 물어봐요. 단순한 놀이로 끝나지 않고 아이가 내면을 바라보고 의미 있는 경험으로 받아들이는 데 도움이 됩니다. 만약 아이가 아직 단순한 대답밖에 못 할 정도라면 느낌을 몸으로 표현해보라고 제안하는 것도 한 방법이에요. 저희 아이는 팝콘을 튀기면서 느낌이 어떠냐고 물으니 "토끼가 깡총깡총 뛰는 것 같아요!"라고 말하면서 우스꽝스러운 토끼 흉내를 냈어요. 단순한 질문 같지만 아이가 상황을 다시 한번 전체적으로 바라보고 자기 내면 또한 바라보는 시간이 되어 좋답니다.

- 아이의 놀이 작품을 소중하게 다뤄요. 미술 작품의 경우 아이랑 같이 벽에 붙이고 감상할 수 있도록 일정 기간 전시해놓아요. 아이와 요리를 하고 난 후엔 다음날 어린이집에 싸가서 친구들과 나눠 먹게 하거나 아빠에게 도시락을 싸주곤 했지요. 친구들에게 고맙다는 인사도 듣고, 나누는 기쁨도 배울 수 있어 좋았답니다.

쌀과 잡곡을 이용한
요리놀이

옛날처럼 논에서 벼가 자라고 쌀을 수확해서 밥상까지 올라오는 걸 전부 관찰할 수만 있다면 얼마나 좋을까요? 농사의 전체 과정을 직접 체험하기는 힘들어도 쌀이라는 자연물을 가지고 다양한 활용법을 경험해보는 것은 분명 도움이 될 거예요. 쌀을 만지며 마음껏 놀아보고 식용색소로 염색한 예쁜 쌀로 그림도 그려요. 쌀 알갱이를 볶아 달콤한 쌀강정도 만들고 쌀가루를 빻아 이런저런 모양의 떡도 해먹어요. 쌀이라는 하나의 곡물이 이처럼 다양하게 활용된다니 정말 놀랍죠. 쌀뿐만이 아닙니다. 팥, 콩, 옥수수, 찹쌀 등의 곡물 역시 여러 가지로 응용할 수 있어요. 이런 다양한 놀이 체험을 통해 아이는 하나의 대상에 대한 여러 가지 가능성을 생각하면서 사고가 유연해지고 창의적인 발상도 하게 된답니다.

입자의 크기와 면적의 관계를 배워요

쌀놀이

아이들은 쌀을 참 좋아하죠. 쌀통을 보자마자 마치 엄청난 보물을 발견한 듯이 쏜살같이 달려들곤 해요. 어른들이 참 겁내는 순간이지요. 자칫 쌀통이 아이 손에 넘어갔다간 순식간에 온 방바닥을 엉망으로 만들 게 뻔하니까요. 그래도 아주 가끔은 그런 두려움을 과감히 내려놓고 아이에게 쌀을 양보해보세요. 아이가 기쁘게 노는 모습을 보면 후회하진 않을 거예요.

놀이 요령 & 효과 Play Tips & Effects

- ☑ 모래놀이가 아이 정서에 좋지만 집에서 하기엔 곤란하지요. 하지만 모래놀이보다 재미있는 쌀놀이가 있어요. 신나는 쌀놀이로 아이의 스트레스를 날려주세요.
- ☑ 아이에게 쌀과 각종 곡물, 숟가락과 그릇, 빈 병, 저울만 주고 그냥 자유롭게 놀게 하세요. 엄마가 특별히 설명하지 않아도 아이는 마치 발명가라도 된 듯 스스로 재미난 놀이 방법을 찾아 신나게 논답니다.
- ☑ 예서가 어릴 적엔 쌀을 그냥 손으로 만지고 그릇에 퍼 담는 것만으로도 즐거워했어요. 대여섯 살이 되어선 엄마랑 소꿉놀이를 시작하네요. 아이가 커가면서 노는 방법도 자연스레 변하는 걸 보면 참 기특하고 뿌듯해요.
- ☑ 컵에 콩과 쌀을 각각 담아보면서 입자의 크기와 면적의 관계를 자연스럽게 이해하게 돼요.

"쌀놀이를 통해 입자의 크기와 면적의 관계를 감각적으로 배웠어요!"

이렇게 놀아요 How to play

준비 재료 쌀, 콩(각종 곡물 대체 가능)
도구 숟가락, 작은 컵 또는 그릇 여러 개, 저울

1

"크기가 작을수록 같은 공간에 더 많은 개수가 들어가는구나!"

"쌀이 담긴 컵에 큰 콩을 넣어볼까? 어? 콩이 너무 커서 안 들어가네. 그럼, 콩이 들어간 컵에 쌀을 넣어볼까? 와~ 쌀알은 크기가 작으니까 큰 콩 사이사이로 들어가는구나!"

"쌀이랑 콩을 컵에 각각 담아보자. 어느 게 더 많이 들어갈까? 쌀알은 크기가 작으니까 더 많이 들어가고 콩알은 크기가 크니까 덜 들어가는구나!"

쌀과 콩을 숟가락으로 컵에 퍼 담아요.
쌀을 다 담은 후 컵이 전부 몇 개인지 세어봐요. 또는 콩과 쌀을 담은 컵의 개수를 각각 비교해봐요.

2

"무게가 더 나가니까 저울 바늘의 숫자가 큰 쪽으로 움직이네!"

저울로 무게를 달아요.
컵의 개수를 1개씩 늘릴 때마다 눈금이 어떻게 변하는지 봐요.

3

밥 짓는 흉내를 내면서 소꿉놀이를 해요. 엄마가 맛있게 먹어주는 흉내만 내도 아이 입가에는 미소가 피어나지요.

 색깔쌀로 멋진 그림을 그려요

색깔쌀

아이들은 그냥 흰쌀을 만져보는 것만으로도 좋아하는데 그 쌀에 갖가지 예쁜 색을 입히면 얼마나 더 신기해할까요? 간편하게 쌀을 염색해서 아이와 재미난 미술놀이를 즐겨보세요. 순식간에 흰쌀을 색깔쌀로 변신시키는 엄마를 아이는 마술사로 착각할지도 몰라요.

놀이 요령 & 효과 Play Tips & Effects

- ☑ 도화지 위에 물감이랑 크레파스로만 색칠하라는 법은 없죠? 색깔쌀도 충분히 물감과 크레파스가 될 수 있어요.
- ☑ 흰쌀이 색소 물에 들어가면 염색이 돼요. 마치 흰쌀이 색깔 옷을 입은 것만 같아요. 색깔이 어찌나 예쁜지 보는 것만으로도 기분이 좋아진답니다.
- ☑ 아이가 어릴 경우 색깔쌀로 꼭 그림을 그릴 필요는 없어요. 그냥 도화지 위에 맘껏 뿌리고 표현하는 것만으로도 충분히 즐겁답니다.

이렇게 만들어요 How to Make

준비 재료   쌀, 식용색소(빨강·분홍·노랑·초록)
도구   컵(색깔별), 염색한 쌀 말릴 종이

"흰쌀이 색소 물에 들어가 예쁜 색깔 옷을 입는 걸 염색이라고 해. 흰쌀이 어떤 옷을 입을지 기다려보자!"

1

쌀과 식용색소를 준비해요.

2

각각의 컵에 물을 담고 빨강, 분홍, 노랑, 초록, 주황 식용색소를 한 가지씩 푼 후 쌀을 담가 1시간 정도 염색해요.
주황색은 빨강과 노랑을 섞어 만들어요.

3

염색한 쌀을 종이 위에 펼쳐놓고 하루 정도 충분히 말린 후 컵에 각각 담아요.

4

액상 식용색소를 이용할 경우엔 쌀에 색소 몇 방울을 뿌리고 살짝 비비기만 해도 예쁜 색이 나온답니다.

이렇게 놀아요 How to play

준비 재료 여러 가지 색깔쌀
도구 도화지, 색연필, 목공풀, 작은 컵(여러 개), 작은 막대 색깔쌀을 목공풀 위에 붙일 때 유용해요

도화지 위에 색연필로 바탕 그림을 그린 후 목공풀을 바르고 색깔쌀을 뿌려 그림을 채워 넣어요.
큰 아이의 경우 색칠 공부 도안을 이용할 수 있어요.

도화지 위에 목공풀을 전체적으로 바른 후 색깔쌀을 자유롭게 뿌려서 표현해도 좋아요.

아이가 원하는 대로 마음껏 색깔쌀을 섞어요.

작은 컵 여러 개에 색깔쌀을 담아서 수를 세어보고 아이랑 하나씩 합치기도 하고 감춰보기도 하면서 자연스럽게 덧셈 뺄셈 놀이도 해요.

주먹밥이 알록달록 색깔 옷을 입어요
색깔주먹밥

아이와 색깔쌀로 신나게 놀다가 색깔밥을 해야겠다는 아이디어가 떠올랐죠. 천연 가루를 이용해서 흰밥이 색깔밥으로 변하는 모습을 관찰하고 잘게 썬 채소를 섞어 색색의 주먹밥을 만들면 아이가 맛있게 잘 먹어요.

놀이 요령 & 효과 Play Tips & Effects

- ☑ 아이가 쌀을 가지고 놀아보고 쌀을 염색해서 다양한 그림도 그리고 거기에 예쁜 색깔 밥까지 해먹는다면 정말 하나의 즐거운 놀이 시리즈가 될 거예요.
- ☑ 아이에게 해줄 반찬으로 딱히 적당한 메뉴가 떠오르지 않는다면 그냥 간단히 주먹밥을 함께 만들어봐요.
- ☑ 주먹밥을 같이 만들면서 아이와 오손도손 이야기꽃도 피우고, 평소 채소를 싫어하는 아이에게 채소를 섞어 먹일 수도 있어 참 좋아요.
- ☑ 아이들은 색깔에 참 민감하죠. 예서는 핑크색을 좋아해서 핑크색 밥을 엄청 먹었답니다.

이렇게 만들어요 How to Make

준비 재료 찹쌀밥(3그릇), 천연 가루(비트·카레·녹차 약간씩), 호두멸치볶음(적당량), 잘게 썰어 볶은 채소(적당량), 참기름·소금(약간씩)

도구 볼, 어린이용 비닐 위생 장갑

"어? 흰밥이 빨강, 노랑, 초록 색깔 옷을 입었네?"

"찹쌀밥은 멥쌀밥이랑 달라. 이렇게 찰기가 있어서 잘 뭉친단다."

1

3그릇에 나눠 담은 찹쌀밥에 비트·카레·녹차 천연 가루를 각각 넣은 뒤 호두멸치볶음, 볶은 채소를 고루 넣고 잘 비벼요.

2

참기름, 소금으로 간을 한 후 손으로 동글게 빚어요.

3

접시에 색깔별로 담아서 아이와 맛있게 먹어요.

 볶은 쌀이 과자로 변신해요

뻥튀기 & 견과류강정

쌀강정은 볶은 곡물과 견과류, 물엿, 약간의 설탕으로만 만들어 몸에 나쁜 성분이 거의 들어가지 않은 우리나라 전통 간식이에요. 요즘엔 밀가루보다 위에 부담이 적은 쌀로 만든 간식을 많이 선호하지요. 혹시 물엿의 당분이 걱정된다면 대신 조청이나 올리고당을 사용해서 만들어도 된답니다.

놀이 요령 & 효과 Play Tips & Effects

- ☑ 아이에게 쌀이 어떻게 과자가 되는지 만들어보자고 해보세요. 너무 좋아한답니다. 쌀에 물을 넣고 끓이면 먹기 좋은 밥이 되고 물을 넣지 않고 열을 가하면 딱딱한 쌀이 팽창해서 뻥튀기가 된다는 것을 간단히 설명해주세요.
- ☑ 조리 방법에 따라 쌀의 모양이 달라지고 물엿을 넣어 굳는 걸 보면서 화학의 원리를 배워요.
- ☑ 쌀강정 재료를 여러 가지 쿠키 틀 속에 넣고 모양을 만들면서 자연스레 조형 감각도 키워요.
- ☑ 쌀강정의 개수를 세어보고 엄마랑 누가 더 많이 가져갔는지 비교해볼 수도 있겠네요.

"쌀에 열을 가하면 크기가 부풀어서 뻥튀기가 된단다. 이렇게 열을 받아 크기가 커지는 걸 팽창이라고 해."

이렇게 만들어요 How to Make

준비 재료 뻥튀기 또는 볶은 곡물(5컵), 견과류(땅콩·캐슈너트·아몬드) 또는 검은콩이나 건조 과일(1컵), 시럽(물엿 1컵, 설탕 2)

도구 주걱, 도마, 밀대, 크기가 큰 쿠키 틀, 비닐 랩(또는 비닐)

1. 냄비에 물엿과 설탕을 넣고 약한 불에 끓여요.
설탕을 주걱으로 젓지 말고 물엿이 어느 정도 끓어오르면 냄비를 기울여가면서 설탕을 녹이세요.

"골고루 버무리는 느낌으로!"

2. 설탕이 녹으면 준비한 뻥튀기와 견과류를 넣고 물엿이 실처럼 늘어질 때까지 주걱으로 섞어요.

"설탕이 어디로 갔을까? 물엿에 다 녹았네. 이렇게 설탕 알갱이가 물에 녹는 걸 용해라고 해. 그렇다고 설탕이 전부 사라진 건 아니야. 설탕 알갱이가 너무 작아져서 눈에 보이지 않을 뿐이지. 물엿 속에 숨어 있으면서 단맛을 내지. 용해를 빨리 시키려면 이렇게 열을 가해주면 돼."

"밀대로 평평하게 잘 밀어보자."

"난 구두 모양 쌀과자를 만들어야지."

도마에 2를 주걱으로 적당히 떠서 펴놓고 밀대로 평평하게 민 다음 그대로 굳혀요.

쿠키 틀에 비닐 랩을 여유 있게 깐 다음 남은 2를 주걱으로 알맞게 덜어 넣고 꼭꼭 잘 눌러요.
아이에게 다양한 모양의 쿠키 틀에 직접 넣어보라고 유도해보세요. 재미있게 넣는답니다.

4의 강정은 굳기 전에 비닐 랩을 잡아당겨 꺼낸 뒤 모양을 다듬어 굳히고, 3의 강정은 적당히 굳혀 칼로 썰어요.

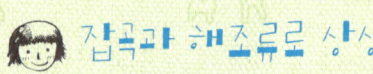

잡곡과 해조류로 상상의 바다를 그려요

바다 꾸미기

흰쌀과 달리 잡곡은 질감과 색감이 다양해서 더욱 풍부한 표현을 할 수 있어요. 잡곡과 김, 다시마 같은 해조류를 이용해서 재미있는 바닷속을 마음껏 상상하며 꾸며봐요. 아이의 상상력은 끝이 없지요. 해조류는 훌륭한 미술 재료가 된답니다.

놀이 요령 & 효과 Play Tips & Effects

- ☑ 놀이를 시작하기 전에 바다와 관련된 그림책을 읽어주면 좋아요. 책을 읽으면서 바다를 상상하고 그 상상의 세계를 곡물과 해조류로 멋지게 표현해요.
- ☑ 아이와 함께 바다를 꾸미면서 이런저런 바다 이야기를 나눠보세요. 아이의 기발한 발상을 읽을 수 있어 참 신기하고 재미있답니다.
- ☑ 아이는 세상의 모든 물체가 살아 있다고 생각한다지요? 파란 도화지 위에 상상 속의 바다를 펼치면서 정말 당장이라도 물고기가 팔딱팔딱 튀어나올 것처럼 흥분한다니까요.

이렇게 놀아요 How to play

준비 재료 각종 곡물, 멸치, 조개나 소라 껍데기, 해조류(다시마, 김), 나뭇조각_{문구점에서 구입하거나 집 주변 나무 아래에서 주워도 돼요}

도구 도화지(푸른색 계열), 색연필, 가위, 목공풀, 아크릴 물감, 가는 붓, 일회용 접시(4~5개)

먼저 푸른색 도화지 위에 색연필로 바닷속 풍경의 밑그림을 그려요.

김을 상어 모양으로 자르고 각종 재료도 원하는 모양으로 오린 다음 도화지에 목공풀을 발라 붙여요.
상어뿐 아니라 물고기, 문어 등 바다 동물 모양을 오려요. 상어 모양을 자를 때 엄마가 옆에서 상어 흉내를 내면 아이는 상어가 눈 앞에 나타난 듯 바짝 긴장하고 흥분한답니다.

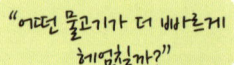

조개껍데기에 아크릴 물감을 묻힌 붓으로 색칠한 후 도화지 위에 붙여요.

마무리로 다른 재료도 예쁘게 색칠해요.

딱딱한 팥이 물과 열에 의해 팽창해요

단팥

딱딱한 팥과 물을 넣고 삶아 부드러워진 팥을 비교해보면서 자연스럽게 팽창의 원리를 배우고, 물엿과 설탕을 넣어 맛있는 단팥도 만들어 먹어요. 부드러운 팥을 으깨면서 아이가 힘 자랑도 하지요. 핫케이크 속에 단팥을 넣어 맛있는 오방떡으로 만들어 먹어도 좋아요.

놀이 요령 & 효과 Play Tips & Effects

- ☑ 단단한 팥에 물을 넣고 삶으면 부피가 늘어나고 부드러워지는 팽창의 원리를 아이는 무척 신기하게 여긴답니다.
- ☑ 그렇게도 단단하던 팥이 방망이로 콩콩 내려치면 힘없이 잘게 부서지는 모습이 정말 신기해요.
- ☑ 쓰고 남은 단팥은 적당한 분량씩 나눠 비닐봉지에 담은 후 냉동실에 넣어 보관하세요. 필요할 때마다 꺼내 쓰기 좋아요.

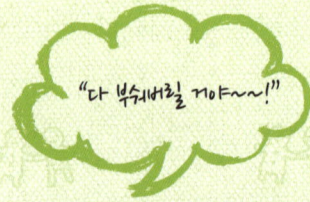

"다 부숴버릴 거야~~!"

이렇게 만들어요 How to Make

준비 재료 딱딱한 팥(적당량), 삶은 팥(1컵을 불린 분량)
하루 전에 미리 물에 불린 후 1시간 이상 삶아 건져요, 물엿
(2), 설탕(3), 소금(약간)

도구 절구, 방망이

1

"딱딱한 팥을 물에 넣고 끓이면 이렇게 크기가 커지고 부드러워진단다. 이런 걸 팽창이라고 해."

딱딱한 팥과 삶아서 부드러워진 팥을 서로 비교해봐요.

엄마가 "팥이 물을 먹고 이렇게 커졌네!" 하니까 예서는 "팥은 물을 먹고 크고, 예서는 밥을 먹고 커요!"라고 대답하네요.

2

"엄마, 팥이 잘게 부서졌어요! 내 힘이 엄청 센가 봐요!"

삶은 팥을 절구에 담아 방망이로 찧어요.
저 멀리 달나라에서 토끼가 방아를 찧듯 팥을 찧어볼까요?

3

물엿과 설탕, 소금을 넣고 간을 한 후 냄비에 넣고 불에 올려 살짝 조려요.
평소 입맛보다 좀 더 달게 해야 맛이 나요.

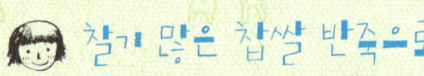 찰기 많은 찹쌀 반죽으로 떡을 해요

찹쌀떡

찰기 많은 찹쌀 반죽을 절구에 찧어도 보고 손으로 늘여도 봐요. 단팥을 동글게 빚어 반죽 속에 넣으면 쫄깃쫄깃한 찹쌀떡이 돼요. 우리 고유의 떡을 아이와 직접 만들어보니 참 흐뭇하네요.

"팥이 어느 손에 있게? 여기 없다!"

놀이 요령 & 효과 Play Tips & Effects

☑ 아이와 함께 단팥이 들어간 간식을 얘기해봐요. 찐빵, 찹쌀떡, 붕어빵, 호두과자, 단팥빵, 팥빙수, 단팥죽, 양갱…. 일종의 브레인 스토밍이죠?
예서는 팥앙금을 동글게 만들다가 갑자기 재미난 놀이가 떠올랐나 봐요. 어느새 마술사가 된 듯 "팥이 어디 있게?" 하며 단팥 찾기 놀이를 시작하네요.

☑ 빚은 찹쌀떡에 녹말을 묻히면 느낌이 정말 부드러워요.

이렇게 만들어요 How to Make

준비 재료 찹쌀가루(2½컵)찹쌀떡을 10개 정도 만들 수 있는 분량이에요, 설탕(2), 소금(약간), 물(1컵), 팥앙금(200~250g)미리 준비해 냉동해 두었다가 쓰면 편리해요, 녹말(⅓컵)

도구 찜통, 면포, 도마, 절구, 방망이, 어린이용 비닐 위생 장갑

1

찹쌀 가루에 설탕, 소금, 물을 넣고 치대요. 반죽을 여러 개의 덩어리로 나눈 후 찜통에 면포를 깔고 반죽 덩어리를 앉혀 센 불로 20분 정도 찌세요.

2

찹쌀 반죽을 찌는 동안 단팥을 지름 2~3㎝ 크기로 둥글게 빚어 팥앙금을 준비해요.

3

찹쌀 반죽이 쪄졌으면 찜통에서 꺼내 적당량을 절구에 넣은 후 방망이로 골고루 찧거나 반죽을 치대서 길게 늘인 모양을 만들어요.

방망이나 손에 물을 묻히면 반죽이 달라붙지 않아요.

4

찹쌀 반죽을 적당량씩 떼어 공 모양을 만들어요. 공 모양 찹쌀 반죽을 손으로 동글납작하게 편 후 2의 팥소를 넣고 오므린 다음 녹말을 묻혀요.

팥앙금에 한천 가루를 넣고 굳혀요

팥양갱

양갱은 삶은 팥을 곱게 간 팥앙금으로 만든 우리나라 전통 간식이지요. 양갱 속에 숨어 있는 노란 밤 알갱이를 찾아 먹는 재미가 쏠쏠하답니다. 양갱은 아이랑 같이 만들어 친구와 선생님께 선물하기에도 아주 좋아요.

놀이 요령 & 효과 Play Tips & Effects

- ☑ 양갱을 만들 때 쓰는 한천 가루는 우뭇가사리과의 해초로 만듭니다. 한천은 물과 섞어 열을 가하면 녹고 다시 열을 식히면 물을 흡수해 젤리 상태의 고체가 되지요. 이러한 원리를 이용해 양갱을 만든답니다.
- ☑ 딱딱한 팥을 삶아 곱게 갈면 팥앙금이 되고 여기에 한천 가루와 물을 섞어 끓인 후 굳히면 말랑말랑한 양갱이 되지요. 이 정도 변신이면 트랜스포머가 따로 없네요.
- ☑ 아이들은 이런 변신 과정을 참 신기해하는데요. 엄마도 덩달아 신나 하면 아이의 호기심이 팡팡 자라나요.

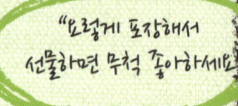

"요렇게 포장해서 선물하면 무척 좋아하세요"

이렇게 만들어요 How to Make

준비 재료   한천 물(한천 가루 100g+물 300㎖)하루 전에 미리 물에 한천 가루를 섞어놓아요, 설탕(100g), 팥앙금(500g), 삶아서 다진 밤 또는 고구마(적당량)

도구   모양 틀 또는 반찬통이나 종이컵, 숟가락

1 한천 가루와 물을 섞은 한천 물을 냄비에 넣고 살짝 끓이다가 설탕을 넣고 설탕이 모두 녹을 때까지 8분 정도 끓여요.

2 불을 끈 후 팥앙금을 넣어 풀고 다시 불을 켜서 아주 살짝 더 끓여요.

3 모양 틀 속에 다진 밤이나 고구마 조각을 넣은 후 2의 팥앙금 반죽을 숟가락으로 떠 넣어요.

4 냉장고에 2시간 이상 넣었다가 꺼내면 예쁜 양갱이 완성돼요.

일반 반찬통을 이용할 경우 아이가 빵 칼로 양갱을 썰면 정말 좋아해요. 요리조리 양갱을 썰면서 여러 모양의 입체 도형을 만들어 봐요.

팥앙금 대신 거피한 백앙금에 다양한 색깔의 천연 가루를 섞거나 적색 고구마 앙금으로 만들면 예쁜 색이 나와요.

콩의 단백질이 식초와 소금을 만나 응고돼요

두부

서양에 치즈가 있다면 우리에겐 두부가 있어요. 치즈는 우유의 단백질을 응고시키고 두부는 콩의 단백질을 응고시킨 것이지요. 매일 마트에서 손만 뻗으면 간편하게 얻을 수 있는 두부! 이제 그 속에 숨은 과학의 원리를 아이와 함께 직접 체험해보아요.

놀이 요령 & 효과 Play Tips & Effects

- 두부는 콩 단백질이 소금과 식초를 만나 응고되는 원리를 이용해서 만든 건강식품이에요.
- 끓인 콩 국물에 염촛물을 넣으면 콩 단백질이 눈앞에서 순식간에 응고되는 모습을 확인할 수 있어요. 아이가 정말 신기해한답니다.
- 콩 국물을 거르고 난 후 남은 비지로 고소한 콩비지전을 해 먹어요. 콩의 다채로운 변신이 아이의 응용력을 넓혀준답니다.

이렇게 만들어요 How to Make

준비 재료 불린 콩(300g) 하루 전에 미리 물에 불린 후 껍질을 대충 벗기세요.
물(1½ℓ), 염촛물(물 ½컵, 천일염 ½, 식초 1)

도구 볼, 믹서, 베주머니, 면포, 국자, 우유 팩 송곳으로 바닥에 구멍을 뚫어놓아요

1

불린 콩을 믹서에 넣고 물을 충분히 보충한 후 곱게 갈아요.
이때 콩을 최대한 곱게 갈아야 두부가 많이 나와요.

2

곱게 간 콩을 베주머니에 넣고 힘껏 비틀어서 콩 국물만 짜내요.
베주머니에 남은 콩비지를 털어내면서 한두 번 더 거르면 두부가 더욱 부드러워져요.

콩 국물을 중간 불로 끓여요.
국물이 끓어 넘치려고 할 때 물이나 들기름, 참기름을 조금 뿌리면 거품이 가라앉아요.

"엄마, 몽글몽글한 순두부 덩어리가 단단한 두부가 된단 말이죠?"

"엄마, 염촛물을 넣으니 콩물이 엉기기 시작해요."

10분 정도 끓이면 고소한 두부 냄새가 나기 시작해요. 불을 약하게 줄인 후 염촛물을 국자에 담아 조금씩 골고루 넣으면 두부가 응고되는 게 보인답니다.
이때 국자로 젓지 마세요. 단백질이 응고되기도 전에 풀어질 수 있어요.

우유 팩에 면포를 깔고 순두부 덩어리를 조심스럽게 떠 넣어요.
물통 같은 무거운 물건을 두부 위에 올려 단단해지면 우유 팩에서 두부를 빼요.

누룩곰팡이균이 삶은 콩을 발효시켜요

청국장

된장은 우리나라 전통 발효 음식으로 완전식품이자 건강식품이에요. 된장에 비해서 비교적 간단하고 빠르게 만들 수 있는 청국장으로 우리나라 전통의 발효 과학을 체험해보아요.

놀이 요령 & 효과 Play Tips & Effects

- ☑ 딱딱한 콩을 물에 넣고 삶으니 부드러워졌어요. 그냥 먹어도 맛있지만 따뜻한 곳에 오래 두면 공기 중에 떠다니는 누룩곰팡이라는 미생물이 달라붙어 콩 단백질을 잘게 나눠 우리 몸에서 흡수가 잘되도록 해준대요.
- ☑ 이렇게 눈에 보이지 않는 작은 미생물이 음식을 분해해 몸에 좋은 성분으로 탈바꿈하는 것을 발효라고 해요.
- ☑ 옛날에는 집집마다 된장을 직접 만들었는데 요즘엔 드문 경우라 아쉽네요. 된장은 우리나라 전통 발효 과학을 경험하기에 참 좋은 소재인데 말이죠. 하지만 집에서 간단히 청국장을 만들면서도 전통의 발효 과학을 몸소 체험해볼 수 있어요.

"절구에 넣어 방아 찧는 재미는 비할 데 없이 너무 재미있어요."

이렇게 만들어요 How to Make

준비 재료 콩(적당량), 물(콩 삶기 충분한 양), 마늘·소금(약간씩)
도구 스티로폼 박스 또는 종이 박스, 면포 또는 베주머니, 절구, 방망이

하룻밤 물에 불려요.

불린 콩을 냄비에 넣고 물을 충분히 넣은 후 6시간 정도 푹 삶아요.

스티로폼 박스에 면포를 깐 다음 삶은 콩을 넣고 공기를 살짝 쐬어요. 면포를 씌우고 뚜껑을 덮은 후 40~45℃ 정도의 장소에서 3일 정도 발효시켜요.
공기 중에 있는 누룩곰팡이가 콩에 달라붙어 발효가 진행돼요.
전기장판 위에 스티로폼 박스를 놓고 이불을 덮어놓으면 간편해요.

뚜껑을 열면 청국장 특유의 냄새가 나면서 콩에 실처럼 끈적이는 점액이 생겨요.

청국장을 절구에 넣고 방아를 찧어요.
식성에 따라 마늘, 소금으로 간을 한 후 동글게 빚어 냉장고에 보관해요.

물만 줘도 쑥쑥 자라요

콩나물 기르기

아이는 되도록 자연과 가까이 키우는 것이 좋지요. 식물을 키우고 보살피면 아이의 심성이 고와지고 머리도 똑똑해진답니다. 물만 주면 알아서 자라는 콩나물 기르기, 집에서도 쉽게 할 수 있는 자연 체험이 되겠네요.

놀이 요령 & 효과 Play Tips & Effects

- ☑ 콩은 이로 깨물어도 여간해서는 부서지지 않을 것같이 딱딱해요. 하지만 물에 불리면 어느새 어린 싹이 나올 준비를 하네요.
- ☑ 콩 시루에 물을 주는 대로 다 빠져나오니 어쩌죠? 콩은 무얼 먹고 자랄까 싶었는데 어느새 쑥쑥 크는 걸 보니 참 기특하고 신기해요.
- ☑ 아이가 직접 물 주면서 잘 키운 콩나물로 이런저런 음식을 해 먹으면 아이 어깨가 으쓱하겠는걸요.

이렇게 만들어요 How to Make

준비 재료 콩나물 콩(적당량)하루 동안 물에 불려요, 물(수시로 필요한 만큼)
도구 콩나물 시루(바닥에 구멍이 적당히 뚫린 용기), 물 받을 받침대, 바가지, 면포, 검은 천

1

"콩을 물에 넣고 불리니까 크기가 커지고 부드러워졌네!"

딱딱한 콩과 물에 불린 콩을 서로 비교해요.

2

콩나물 시루에 불린 콩을 넣고 물을 부어요.

3

따뜻한 곳에 시루를 놓고 수시로 물을 주세요.
콩나물이 다 자라기까지 일주일 정도 걸려요. 시루 옆에 달력을 놓고 매일 날짜에 동그라미를 치며 체크해보세요. 자연스럽게 숫자 공부도 할 수 있지요. 매일매일 콩나물이 얼마나 자랐는지 확인하고 하루하루 기다리면서 아이의 인내심도 더불어 커진답니다.

콩나물은 햇빛을 받으면 콩나물 머리가 초록빛이 돼요. 최대한 빛이 들어가지 않게 검은 천으로 가려주세요.

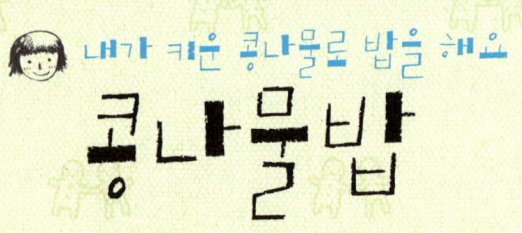

콩나물밥

콩나물밥은 준비하기도 쉽고 한 그릇으로 한 끼를 뚝딱 해치울 수 있는 영양밥이랍니다. 직접 기른 콩나물로 밥을 지어보세요. 덥석덥석 밥맛이 절로 나요.

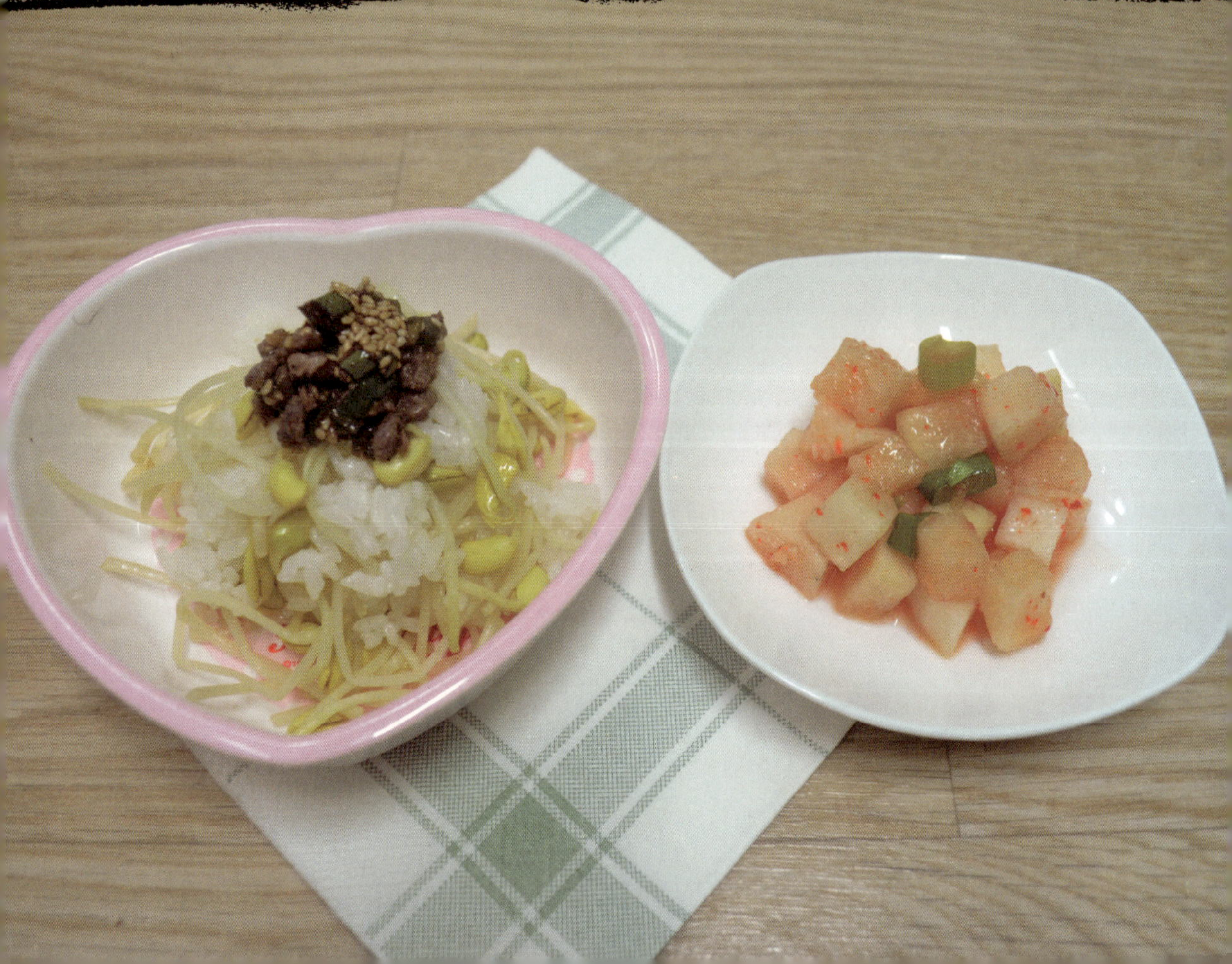

"엄마, 너무 맛있어요. 이것 먹고 또 먹을 거예요."

놀이 요령 & 효과 Play Tips & Effects

☑ 일주일 동안 정성스레 키운 콩나물을 다듬으면서 아이와 오손도손 이야기꽃을 피워 봐요.

☑ 뻣뻣한 콩나물을 밥솥에 넣고 끓이니 힘이 빠지고 부드러워졌어요.

☑ 콩으로 두부도 만들고 콩나물도 키워 밥도 해 먹으면서 콩의 다양한 활용법을 저절로 익혀요.

 How to Make

준비 재료 쌀(2컵), 콩나물(적당량), 다시마 우린 물(2컵), 쇠고기볶음(적당량) 잘게 썬 쇠고기에 간장, 설탕, 다진 마늘, 생강 가루, 참기름, 깨, 다진 파 등을 알맞게 넣고 프라이팬에 살짝 볶아요. **양념장(적당량)** 간장에 고춧가루, 올리고당, 참기름, 깨를 약간씩 넣어요.

도구 볼, 밥솥

볼에 쌀과 물을 넣고 잘 씻어요.
아이와 쌀 씻는 느낌을 이야기해봐요. 예서는 "엄마, 쌀이 내 손가락을 간지럽혀. 웃긴쟁이인가 봐"라고 말하더군요. 아이의 순수하면서도 기발한 표현에 감동을 받네요.

밥솥에 씻은 쌀과 콩나물을 넣고 다시마 우린 물을 넣어 밥을 지어요.
콩나물에서 물이 빠져나오니 평소보다 물의 양을 적게 해요.

밥이 다 되면 쇠고기볶음과 양념장을 밥 위에 얹어 잘 비벼 먹어요.

옥수수 알갱이 속 수분이 팽창해서 터져요

팝콘

팝콘이 팡팡 튀는 모습은 정말 귀여워요. 토끼가 깡충깡충 뛰는 것 같기도 하고 예쁜 벚꽃의 꽃 무더기를 보는 것만 같기도 해요. 맛도 고소하고 재미도 있으니 아이에겐 참 즐거운 시간이에요.

놀이 요령 & 효과 Play Tips & Effects

- ☑ 단단한 노란 옥수수 알갱이가 하얀 꽃송이 같은 팝콘이 돼요.
- ☑ 팝콘이 팡팡 터지는 모습은 아이의 호기심을 자극하기에 충분해요.
- ☑ 팝콘의 숨은 원리를 배워요. 딱딱한 옥수수 알갱이 속에는 수분이 있어요. 뜨겁게 열을 가하면 알갱이 속의 수분이 수증기가 되고 부피가 팽창하지요. 그러면서 단단한 옥수수 껍질을 깨고 팡 터지는 거랍니다.

"엄마, 옥수수 알갱이가 답답해서 터지나 봐요!"

이렇게 만들어요 How to Make

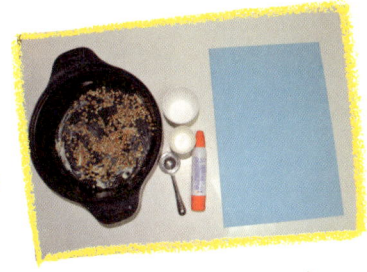

준비 재료 팝콘용 옥수수 알갱이(적당량), 버터·소금 (약간씩)

도구 뚜껑 있는 냄비, 볼, 종이컵(큰 것과 작은 것), 색지, 목공풀

"큰 컵은 부피가 크니까 팝콘이 많이 들어가고 작은 컵은 부피가 작으니까 팝콘이 적게 들어가네."

냄비에 옥수수 알갱이와 버터, 소금을 넣고 뚜껑을 닫아 약한 불로 가열해요. 뜨겁게 데워진 옥수수 알갱이가 팡팡 터지면서 팝콘이 된답니다.

옥수수 알갱이가 팡팡 터지는 모습을 아이와 함께 소리와 동작으로 흉내 내봐요. 예서는 "토끼처럼 폴짝폴짝 뛰는 것 같아요!"라고 말하네요.

작은 종이컵과 큰 종이컵에 팝콘을 각각 담고 양을 비교해봐요.

색지 위에 목공풀을 발라 팝콘을 붙여 그림을 그려도 재미나요.

길이의 측정 개념과 순서의 규칙을 배워요

즉석 꼬마김밥

아이들 소풍 갈 땐 김밥 도시락을 빼놓을 수 없죠. 꼬마 친구들 옹기종기 둘러앉아 엄마가 싸준 도시락 꺼내 야금야금 먹는 모습은 정말 생각만 해도 귀여워요. 그런 멋진 추억이 담긴 김밥을 고사리 같은 손으로 직접 싸본다면 아이의 추억도, 자신감도 커지겠네요.

놀이 요령 & 효과 Play Tips & Effects

- ☑ 검푸른빛이 나는 김 위에 고슬고슬 흰밥을 펼쳐요. 색색의 채소와 고기를 올려놓고 돌돌 말아 칼로 썰어요. 참 형형색색 예쁜 모양의 김밥이 나오네요. 이렇게 자연의 색을 담은 재료들이 한데 어우러져 한 폭의 그림이 펼쳐져요. 아이의 미적 감각도 보이지 않게 자라겠네요.
- ☑ 재료의 길이를 모두 똑같이 맞추고 재료를 넣는 순서와 규칙을 정해 지켜요. 이렇게 물체의 길이를 가늠하고 규칙에 따라 순서대로 나열하는 것은 수학의 기본이랍니다.
- ☑ 좀 엉성하고 못생기게 만든 김밥도 세상에서 제일 멋진 작품을 대하듯 칭찬해주세요.

이렇게 만들어요 How to Make

준비 재료 김(2~3장), 밥(1공기)_{고슬고슬하게 지은 밥에 참기름, 소금, 깨를 알맞게 넣고 비벼요.} 시금치(적당량)_{끓는 물에 살짝 데쳐 찬물에 헹군 후 물기를 꼭 짜고 참기름, 소금, 깨로 양념을 해요.} 당근($\frac{1}{3}$개)_{채 썰어 식용유와 소금을 넣고 볶아요.}, 햄·맛살(적당량)_{프라이팬에 각각 살짝 구워요.}, 달걀부침(1개 분량)_{소금을 넣어 풀어서 넓게 부쳐요.}, 단무지·조림 우엉(적당량)
모든 속 재료를 일반 김밥 쌀 때의 절반 크기로 일정하게 자르세요.

도구 김말이, 도마, 빵 칼, 어린이용 비닐 위생 장갑

"당근은 길이가 짧으니까 2개를 같이 넣어 다른 거랑 길이를 맞춰보자."
"시금치는 길이가 기니까 한쪽 끝을 짧게 접어서 맞추면 좋겠네."

1

김말이 위에 김을 올려놓고 비닐장갑을 낀 손으로 밥을 적당히 얹어 골고루 펴요.

2

재료를 양쪽 길이에 맞게 순서대로 올려요.

이때 아이와 재료 올리는 순서를 같이 정해요. 그리고 계속 정해진 순서대로 올리는 연습을 해봐요. 예를 들어 '달걀–햄–맛살–당근–시금치–우엉–단무지' 순으로요. 순서와 규칙을 기억하고 적용하면서 수학의 기본이 다져진답니다.
재료의 길이를 동일하게 맞추면서 수학의 측정 개념도 배울 수 있어요. 물체의 길이를 눈으로 가늠하는 능력도 수학적 감각을 익히는 데 중요하지요.

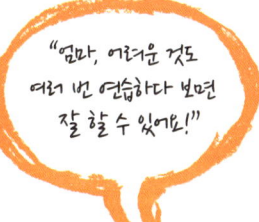

3

김말이를 이용해 돌돌 말아요.

처음 말기 시작하는 부분에서는 엄마가 좀 도와주고 나머지는 아이 스스로 하게 하세요. 김밥을 마는 일은 쉽지 않지만 연습을 반복하다 보면 어느새 아이의 손 조작 능력이 자란답니다.

4

김밥 만 것을 칼로 썰어요.

같은 크기로 썰 수 있도록 도와주세요. 어림짐작해서 같은 크기로 써는 것이 중요해요. 지금 아이의 뇌가 측정의 개념을 키우고 있거든요. 또 김밥 한 줄에 몇 개의 김밥이 나왔는지도 함께 세어봐요.

찹쌀의 찰기를 이용해 다양한 모양을 만들어요
약식

멥쌀과 달리 찰기가 강한 찹쌀의 성질을 이용해 멋진 모양의 약식을 만들 수 있어요. 약식 속에 견과류를 넣어 건강에도 좋고 쫀득쫀득 씹는 맛도 일품이에요.

놀이 요령 & 효과 Play Tips & Effects

- ☑ 찰기가 별로 없는 멥쌀과 찰기가 강한 찹쌀은 서로 성질이 다르지요. 찹쌀은 서로 강하게 달라붙기 때문에 굳혀서 모양 내기가 참 좋아요.
- ☑ 양념장을 넣어 밥을 하니 하얀 쌀이 갈색으로 변했어요.
- ☑ 찹쌀밥 알갱이 사이사이에 밤과 잣, 대추가 숨어 있어요.

이렇게 만들어요 How to Make

준비 재료 불린 찹쌀(3컵) 찹쌀을 씻은 후 30분 정도 물에 불려요, 깐 밤·잣(적당량),
대추(약간) 돌려깎기를 해서 씨를 빼요, 양념장(1컵) 냄비에 간장(9),
흑설탕(6), 계핏가루(약간), 물(1컵)을 넣고 설탕이 녹을 때까지 끓인 후 식혀요,
물(1컵), 참기름(6)

도구 볼, 밥솥, 주걱, 숟가락, 빵 칼, 각종 모양 틀(초밥용 틀, 작은 쿠키 틀 등)

1

밤과 대추를 잘게 썰어요.

2

밥솥에 불린 찹쌀과 밤, 잣, 대추, 양념장, 물을 모두 넣고 참기름 2숟가락을 넣은 후 주걱으로 저어요.

3

밥솥으로 밥을 한 후 다 되면 참기름 4숟가락을 넣고 비벼요.

4

밥을 숟가락으로 떠 모양 틀에 넣고 힘을 줘서 누른 후 빼내요. 찹쌀밥이 예쁜 모양으로 변신해서 쏙 빠져나와요.

밥알이 뭉쳐서 곰돌이, 별, 하트 모양으로 바뀔 때마다 아이는 신나서 함성을 지른답니다.
쿠키 틀을 이용할 경우엔 쿠키 틀 속에 비닐 랩을 여유 있게 씌운 후 밥을 넣어 빼면 편리해요.

> "찹쌀밥으로 갖가지 모양을 만들면서 조형 감각을 익혀요!"

찹쌀떡 반죽이 알록달록 고물 옷을 입어요

삼색인절미

인절미는 집에서도 비교적 간단히 해 먹을 수 있는 떡이에요. 잘 찧은 반죽이 고물 속에 풍덩 빠지더니 요리조리 뒹굴어 예쁜 옷으로 갈아입고 인절미가 되네요. 아이랑 놀면서 간식도 즐기기엔 정말 딱이랍니다.

놀이 요령 & 효과 Play Tips & Effects

- ☑ 찹쌀밥을 방망이로 쾅쾅 내려치니 밥 알갱이가 으깨지고 달라붙어 어느새 차진 떡이 되었네요. 방망이질을 하면 할수록 반죽이 점점 고와지는 모습을 보니 참 신기해요.
- ☑ 손에 쩍쩍 달라붙던 반죽이 고물 옷을 입으니 달라붙지 않네요.
- ☑ 아이가 먹기 좋도록 반죽을 잘게 썰어보세요. 고물이 골고루 묻어서 떡집 인절미보다 훨씬 맛나답니다.

이렇게 만들어요 How to Make

준비 재료 찹쌀밥(1~2공기)6시간 물에 불린 찹쌀로 밥을 해요, 고물(적당량)콩·팥·흑임자 고물 또는 카스텔라 가루를 이용해요, 물·소금(약간)

도구 볼, 절구, 방망이, 도마, 빵 칼, 젓가락, 인절미 담을 그릇(고물 색깔별)

1

찹쌀밥에 소금 간을 한 후 골고루 비벼요.
이때 소금 간을 짭짤하게 해야 고물을 묻힌 후 맛이 좋아요.

2

"와~ 밥알이 막 으깨지네!"

찹쌀밥을 절구에 적당히 넣고 방망이로 찧어요.
방아 찧는 일은 생각보다 팔에 힘이 많이 들어가요. 많이 찧을수록 떡이 차지지만 찹쌀 알갱이가 적당히 보여도 맛은 괜찮답니다.

3

다 찧은 반죽을 도마 위에 올려놓고 빵 칼로 잘게 썰어요.
빵 칼과 손에 물을 묻히면 반죽이 달라붙지 않아요.
많은 양을 만들 땐 반죽 위에 고물을 잔뜩 뿌리고 함께 칼로 썰면 훨씬 수월하답니다.

4

젓가락을 이용해 3의 반죽에 갖가지 고물을 묻히고 색깔별로 그릇에 담아요.

채소를 듬뿍해서 썰고 다양한 모양의 떡을 찾아봐요

궁중떡볶이

떡볶이는 흔하게 먹을 수 있는 우리나라 대표 간식이지만 아이가 먹기엔 너무 맵죠. 하지만 쇠고기 양념으로 궁중떡볶이를 만들면 아이에게 안심하고 먹일 수 있어요. 숫자, 알파벳, 별, 하트 모양의 떡 찾기 놀이를 하다 보면 어느새 식사 시간이 즐거운 놀이 시간이 된답니다.

놀이 요령 & 효과 Play Tips & Effects

- 떡볶이는 아이가 여러 가지 채소를 직접 썰어보기에 참 좋은 메뉴랍니다. 딱딱한 당근도 썰어보고 부드러운 버섯도 썰어보면서 아이의 손 감각이 발달해요. 각 재료를 썰 때마다 어떤 느낌이 드는지 아이와 대화를 나눠보세요.
- 재료를 적당한 크기로 나누는 연습을 하면서 아이는 부분과 전체를 이해하게 돼요.
- 요즘은 시중에 다양한 모양의 떡이 많이 나와 있어요. 숫자, 알파벳, 별, 하트 모양의 떡을 골라 먹는 재미도 쏠쏠하답니다.

"버섯을 3등분 해볼까? 똑같은 크기로 3개가 되도록 자르면 된단다."

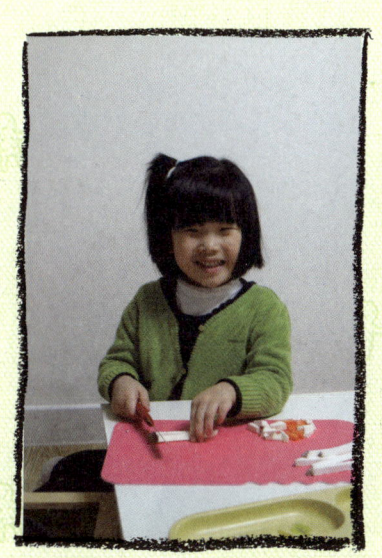

 만들어요 How to Make

준비 재료 **양념한 쇠고기(적당량)** 쇠고기를 길쭉하게 썬 다음 간장, 설탕, 다진 마늘, 생강 가루, 참기름을 알맞게 넣어 밑간해요, **각종 채소(적당량)** 양파·당근·버섯·피망·파프리카·파 등을 길게 채 썰어요, **각종 모양 떡(2컵), 양념장(적당량)** 간장(2), 올리고당(2), 다진 마늘(½), 다진 생강·깨·참기름(약간씩)을 섞어요.

도구 칼, 도마

채소를 먹기 좋게 채 썰어요.

채소를 프라이팬에 분류해서 담은 뒤 딱딱한 것부터 불 쪽에 놓아 차례로 익혀요.

딱딱한 당근처럼 잘 익지 않는 채소와 부드러운 버섯처럼 잘 익는 채소를 구분해서 담아요.

양념장을 넣고 고루 섞으며 볶아요.

"딱딱한 채소는 이쪽에, 부드러운 채소는 저쪽에 담아보자. 딱딱한 채소를 먼저 익혀야 해. 딱딱할수록 익는 데 시간이 오래 걸리거든."

예쁜 색깔의 떡 반죽으로 점토놀이를 해요

색깔절편

절편은 맛도 좋지만 떡살로 문양을 찍는 재미가 쏠쏠하지요. 갖가지 천연 가루를 넣어 색을 입히면 마치 점토놀이를 하듯 재미있게 놀 수 있어요.

놀이 요령 & 효과 Play Tips & Effects

- ☑ 멥쌀가루를 시루에 찐 후 떡메로 쳐서 만든 흰떡에 떡살로 문양을 찍어 만든 것이 절편이에요.
- ☑ 떡살로 문양을 찍는 순간 과연 어떤 그림이 펼쳐질까 마음이 설레요.
- ☑ 반죽을 아무렇게나 뭉쳐 찍어도 화려한 색감과 문양의 작품이 나오니 정말 신나요.
- ☑ 어린 연령의 경우 인공 점토를 가지고 놀 때는 혹시라도 입에 넣을까, 눈을 비비지 않을까 곁에서 엄마가 눈을 뗄 수 없지요. 하지만 자연의 색을 입힌 떡 반죽은 안심하고 맘껏 놀 수 있으니 엄마도 아이도 마음이 여유로워지네요.

이렇게 만들어요 How to Make

준비 재료 젖은 멥쌀가루(3컵), 소금($\frac{1}{2}$), 물(5~6), 천연 가루(딸기·단호박·녹차·코코아 $\frac{1}{3}$씩), 참기름·꿀 또는 조청(적당량)

도구 볼, 숟가락, 찜통, 면포, 체, 지퍼 팩, 떡살

1 쌀가루에 소금을 넣고 숟가락으로 물을 조금씩 넣어 쌀가루를 비비면서 물주기를 해요. 손으로 쌀가루 반죽을 뭉칠 때 덩어리 모양이 흐트러지지 않을 정도로만 물을 주세요.

2 물주기를 끝낸 쌀가루 반죽을 굵은 체에 내려 찜통에 10~15분 정도 찐 후 꺼내요.

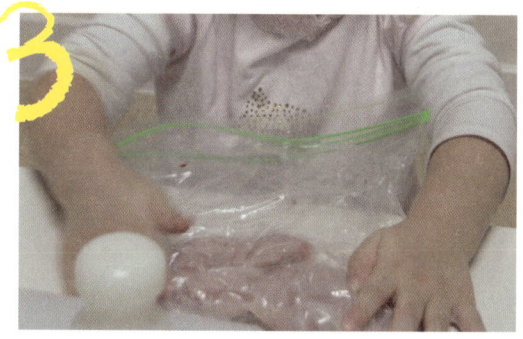

3 떡 반죽의 절반은 천연 가루를 넣지 않고 지퍼 팩에 담아 빠르게 치대요. 나머지 절반은 4등분해서 지퍼 팩에 하나씩 담은 후 네 가지 색의 천연 가루를 각각 넣고 색이 잘 나오도록 빠르게 치대요.

4 각각의 색깔떡 반죽을 조금씩 떼어내 겹쳐서 뭉친 후 참기름을 바른 떡살로 찍어요. 꿀이나 조청을 찍어 먹어요.

떡살로 찍어 올록볼록 예쁜 문양이 새겨지면 마치 요술을 부린 것만 같아요.

모양 틀을 이용해 예쁜 송편을 만들어요
색깔송편

송편은 더 이상 추석에만 먹을 수 있는 명절 음식이 아니지요. 알록달록 예쁜 모양의 색깔송편을 아이와 함께 만들면 언제라도 즐거운 명절놀이를 할 수 있답니다.

놀이 요령 & 효과 Play Tips & Effects

- ☑ 모양 틀을 이용하면 아직 손놀림이 서툰 어린아이도 혼자서 송편 모양을 거뜬히 빚을 수 있어요.
- ☑ 고사리 손으로 조물조물거린 멥쌀 반죽이 멋진 떡이 되었네요.
- ☑ 송편 반죽을 찜통에 찌니 색깔이 더 진해지고 예뻐졌어요. 쫄깃쫄깃하고 맛도 정말 좋아요.

이렇게 만들어요 How to Make

준비 재료 젖은 멥쌀가루(3컵), 천연 가루(딸기·단호박·녹차 ⅓씩), 소금·설탕(적당량), 뜨거운 물(9)
송편 소 깨·콩가루 또는 흑임자 가루(적당량), 설탕 또는 꿀(적당량)
도구 볼, 숟가락, 절구, 방망이, 모양 틀(초밥용), 비닐 랩, 찜통, 면포

1

3등분한 쌀가루에 각각의 천연 가루 ⅓ 숟가락씩과 소금, 설탕, 뜨거운 물 3숟가락씩을 넣어 익반죽한 다음 1시간 정도 숙성시켜요.

2

깨를 절구에 빻고 콩가루와 설탕이나 꿀을 넣은 뒤 고루 섞어 송편 소를 만들어요.

3

모양 틀에 비닐 랩을 여유 있게 씌워서 그 위에 반죽을 깔고 중간에 소를 집어넣은 다음 다시 반죽을 덮어 모양을 만들어요.
반죽을 적당한 크기로 떼어내 동글납작하게 빚은 후 가운데에 소를 넣고 손으로 뭉쳐서 모양을 만들어도 돼요.

4

김이 오르는 찜통에 10~15분간 쪄요.

떡으로 화려한 케이크를 만들어요

단호박 떡케이크

밀가루가 아닌 쌀가루로 건강한 케이크를 만들어요. 우리나라 전통 떡도 충분히 화려한 케이크로 변신할 수 있으니 맛도 즐기고 건강도 챙기세요.

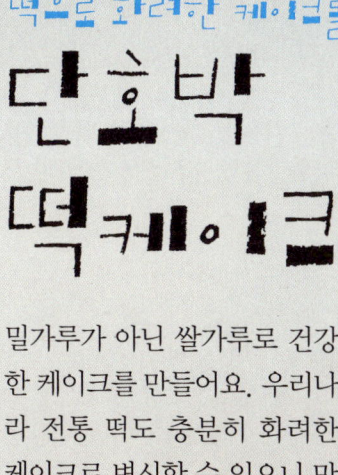

놀이 요령 & 효과 Play Tips & Effects

- ☑ 생일 잔치엔 케이크가 빠질 수 없죠. 하지만 우리 고유의 생일 떡은 사라지고 그 자리를 서양의 맛이 대신하는 것 같아 아쉬워요. 전통의 의미도 살릴 겸 쌀가루로 떡케이크를 화려하게 꾸며봐요.
- ☑ 엄마, 아빠 생일 때 직접 정성 들여 떡케이크를 만들도록 도와주세요. 아이는 생일 선물을 스스로 준비하면서 뿌듯함을 느낀답니다.
- ☑ 떡케이크 속에 들어간 단호박이 자연의 단맛을 안겨주네요.
- ☑ 마지막에 색깔떡 반죽으로 다양하게 꾸미면 더욱 멋진 케이크가 완성돼요.

이렇게 만들어요 How to Make

준비 재료 젖은 멥쌀가루(3컵), 단호박 가루(1), 설탕(2), 소금($\frac{1}{3}$), 물(5~6), 잘게 썬 단호박(적당량), 천연 가루(딸기·녹차 약간씩), 꿀(약간)

도구 볼, 숟가락, 체, 떡 틀(큰 것 1개와 작은 것 2개), 찜통, 면포, 밀대, 쿠키 틀(작은 것)

멥쌀가루에 소금을 넣고 물을 숟가락으로 조금씩 넣어 섞으면서 물주기를 한 후 굵은 체에 내려요.
물주기는 손으로 쌀가루 반죽을 뭉칠 때 덩어리 모양이 흐트러지지 않을 정도로만 해요(77쪽 색깔 절편 참조).

물주기한 쌀가루에서 꾸밈 재료로 쓸 것을 1컵 미만으로 덜어내요. 남은 쌀가루에 단호박 가루를 넣고 체에 한 번 더 내린 후 마지막에 설탕을 넣어 큰 떡 틀에 골고루 앉혀요. 중간쯤 높이에서 잘게 썬 단호박을 올리고 그 위에 다시 나머지 쌀가루를 뿌려요.
이때 쌀가루를 가볍게 올리고 손으로 누르지 마세요.
떡 틀의 바닥과 옆면에 설탕이나 꿀을 바르면 다 익은 후 떼어내기 쉬워요.

2에서 꾸밈 재료로 덜어둔 쌀가루를 반으로 나눠 딸기 가루와 녹차 가루로 각각 색을 낸 후 작은 떡 틀 2개에 따로 넣어요.

3

4

큰 떡 틀과 작은 떡 틀을 김이 오르는 찜통에서 10~15분간 찐 후 꾸밈 재료로 쓸 딸기·녹차 떡만 꺼내고 단호박 떡은 5분간 뜸을 더 들여요.

5

딸기·녹차 떡을 잘 뭉쳐서 밀대로 얇게 민 후 쿠키 틀로 찍어서 모양을 내요 (00쪽 색깔 절편 참조).

6

단호박 떡의 뜸이 다 들면 조심스럽게 꺼낸 후 꾸밈 떡에 꿀을 풀처럼 발라 단호박떡케이크 위에 붙여서 예쁘게 장식해요.

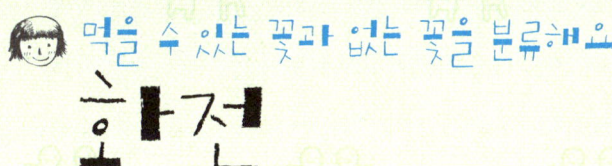# 먹을 수 있는 꽃과 없는 꽃을 분류해요
화전

진달래가 화려하게 피는 봄날엔 아이랑 예쁜 화전을 부쳐요. 눈으로만 보던 진달래꽃을 직접 먹어보니 그 맛이 새콤달콤해요.

놀이 요령 & 효과 Play Tips & Effects

- ☑ 진달래 꽃밭을 뛰어다니면서 신나게 놀아요. 꽃에게는 좀 미안하지만 조금만 꺾어와서 시들지 않게 물병에 담았어요.
- ☑ 먹을 수 있는 꽃과 먹을 수 없는 꽃을 분류해요. 진달래, 장미, 국화는 먹을 수 있지만 철쭉은 먹으면 안 돼요.
- ☑ 동그란 찹쌀 반죽 위에 분홍 꽃을 살포시 올리니 한 폭의 그림 같아요.
- ☑ 여러 색깔의 찹쌀 반죽으로도 예쁜 모양을 꾸며요.
- ☑ 알록달록 예쁜 화전을 꿀에 찍어 먹으니 쫄깃하고 달콤하네요.

이렇게 만들어요 How to Make

준비 재료 찹쌀가루(2컵), 천연 가루(딸기·단호박·녹차 $\frac{1}{4}$씩), 진달래꽃(적당량), 뜨거운 물(1컵), 꿀 또는 조청·소금·설탕 (약간씩)

도구 그릇(색깔별), 숟가락

1

찹쌀가루 1컵은 그냥 흰색으로 남겨놓고 나머지 1컵은 색깔별로 3개의 그릇에 나눠 담아요. 흰색 찹쌀가루에는 뜨거운 물 $\frac{1}{2}$컵을 넣어 반죽하고, 나머지 찹쌀가루에는 각각 천연 가루와 뜨거운 물 4숟가락씩을 넣어 반죽해요. 각각의 반죽에 소금과 설탕을 넣어 간을 한 뒤 고루 치대요.

2

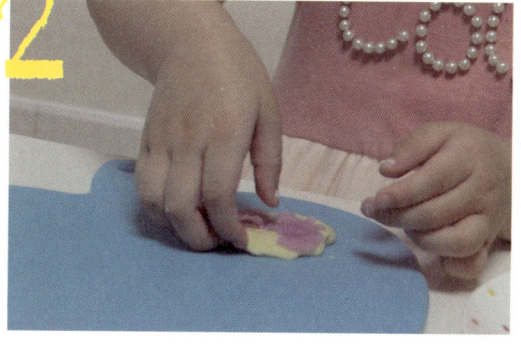

잘 치댄 찹쌀 반죽을 조금씩 떼어내서 동글납작하게 빚은 후 진달래꽃을 살짝 올려요.

3

흰색 반죽과 다른 색깔 반죽을 이용해 예쁜 모양을 꾸며도 좋아요.

4

프라이팬에 기름을 두르고 반죽을 노릇노릇하게 부친 다음 꿀이나 조청을 찍어 먹어요.

PART 2

밀가루를 이용한 요리놀이

밀가루는 밀의 낟알을 분쇄해서 만든 가루예요. 아이들은 이 가루를 정말 좋아하지요. 하얀 밀가루는 그 자체만으로도 아이의 호기심과 상상력을 자극하기에 충분하죠. 밀가루의 부드러운 촉감을 느껴보고 물을 넣어 조물락거리면서 반죽도 만들어요. 반죽을 요리조리 매만지면서 자유로운 상상의 나래를 펴고 묵은 스트레스를 한 방에 날려버리지요. 아이는 밀가루를 이용한 다양한 요리에도 흥미를 보여요. 바삭바삭한 쿠키와 촉촉한 머핀을 예쁘게 꾸미면서 미적 감각도 키울 수 있고요. 반죽에 이스트를 넣어 발효를 시키면서 빵 반죽이 2배로 부푸는 모습도 눈으로 확인해요. 이렇듯 다양한 밀가루놀이를 하면서 아이의 머리는 똑똑해지고 마음은 행복해지지요.

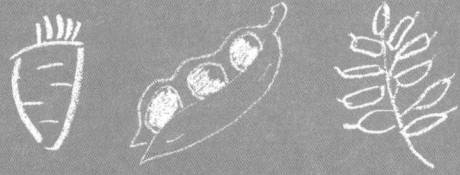

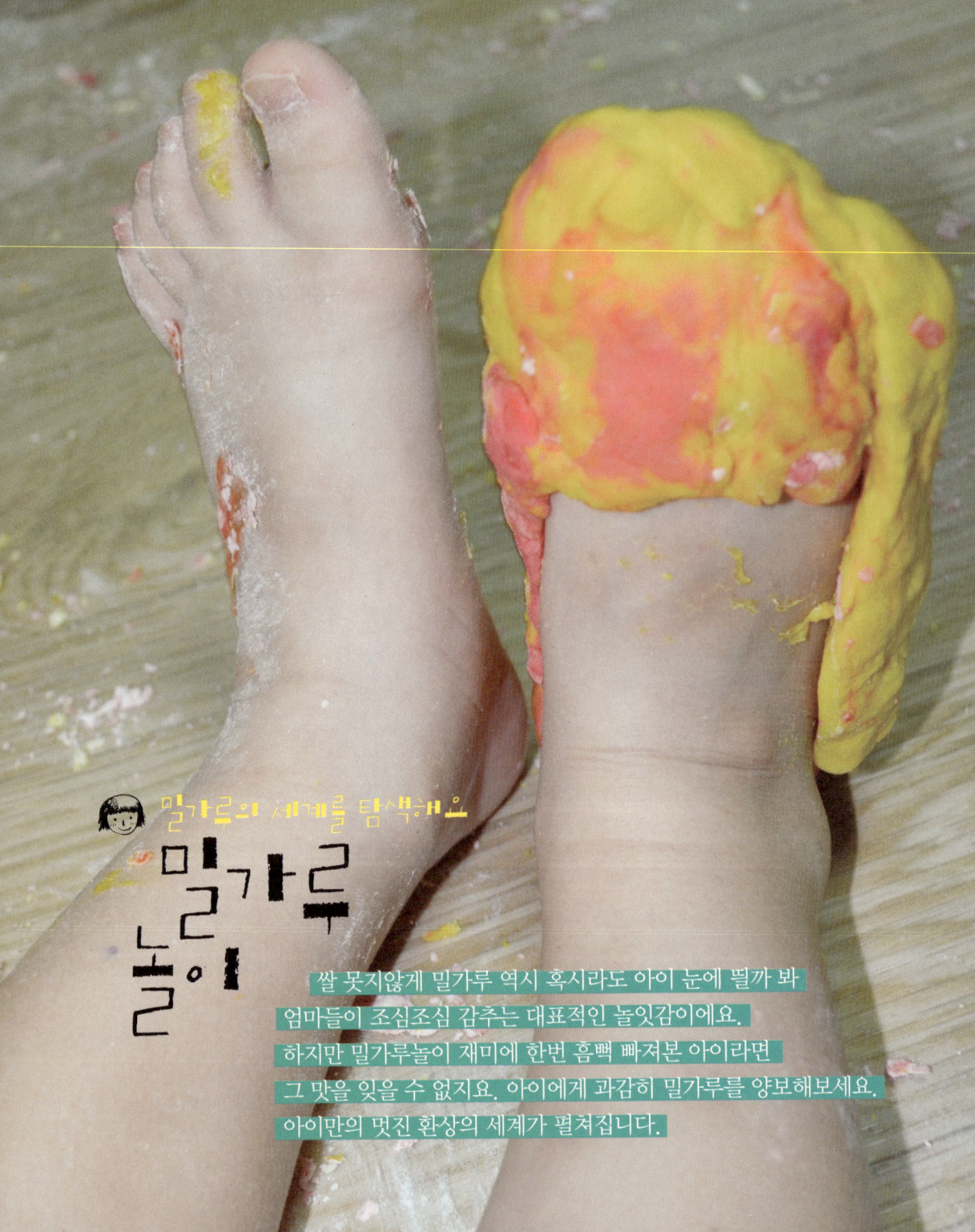

밀가루의 세계를 탐색해요

밀가루 놀이

쌀 못지않게 밀가루 역시 혹시라도 아이 눈에 띌까 봐 엄마들이 조심조심 감추는 대표적인 놀잇감이에요. 하지만 밀가루놀이 재미에 한번 흠뻑 빠져본 아이라면 그 맛을 잊을 수 없지요. 아이에게 과감히 밀가루를 양보해보세요. 아이만의 멋진 환상의 세계가 펼쳐집니다.

놀이 요령 & 효과 Play Tips & Effects

- ☑ 아이들은 밀가루를 정말 좋아해요. 만지면 촉감이 부드럽기도 하고 손으로 뭉치면 부서지는 게 여간 신기한 게 아니에요. 일반 장난감에선 좀처럼 느낄 수 없는 경험이지요.

- ☑ 보들보들한 밀가루에 식용색소를 탄 물을 넣으면 몽글몽글 뭉치면서 반죽이 돼요. 좀 더 치대보면 마치 점토처럼 뭉치는 게 신기해요.

- ☑ 뭉친 밀가루 반죽을 어떻게 가지고 노는지 아이의 상상력에 한번 맡겨보세요. 아이는 기발한 아이디어로 전에는 상상도 못했던 다양한 놀이를 찾아 시도할 거예요. 아이의 해맑은 웃음과 자유로움은 엄마의 마음까지도 밝게 해줍니다.

이렇게 놀아요 How to play

준비 재료 밀가루(적당량), 식용색소를 탄 물(색깔별), 소금·식용유(약간씩)
도구 비닐, 넓은 그릇

바닥에 비닐을 깔고 넓은 그릇에 보들보들한 밀가루를 담아 만지며 촉감을 느껴봐요.
아이는 밀가루가 신기한 나머지 가끔은 머리에 뒤집어쓰고 좋아한답니다.

밀가루에 식용색소 물을 넣어서 주물러요. 마치 진흙을 만지듯 부드럽네요.
소금과 식용유를 살짝 뿌리면 손에 잘 달라붙지 않는 부드러운 반죽이 돼요.

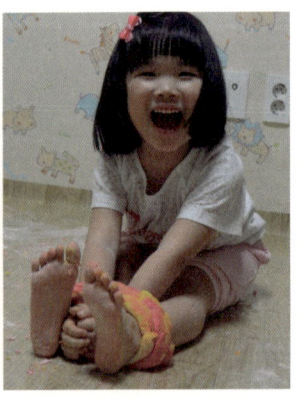

폭신폭신한 밀가루 반죽을 밟아요. 발에서 느껴지는 차갑고 보송보송한 느낌이 정말 색달라요.
예서는 반죽으로 신발이랑 수갑을 만들고 좋아하네요.

색깔 반죽으로 여러 모양을 꾸며요

색깔 반죽 꾸미기

아기가 기고 걷기를 시작하면서부터 손에 잡히는 물건은 전부 입으로 들어가죠. 이 때는 찰흙이나 점토놀이를 할 수 없어요. 세 살 이전에는 인공 점토도 불안하니까요. 이럴 땐 밀가루 반죽이 딱 좋은 놀이 재료예요. 형형색색 예쁜 밀가루 반죽을 만지며 아이는 행복감에 흠뻑 빠진답니다.

놀이 요령 & 효과 Play Tips & Effects

- ✓ 천연 식용색소를 넣은 밀가루 반죽은 빛깔이 참 고와요. 촉감도 정말 부드러워서 만지기만 해도 기분이 좋아져요.
- ✓ 말랑말랑 폭신폭신, 자유자재로 움직이는 반죽이 너무 재미나요.
- ✓ 반죽놀이를 하는 동안 아이는 놀라운 집중력을 보이고 자기만의 상상의 세계에 빠져 정말 행복해한답니다.
- ✓ 완벽주의 성향의 아이는 융통성이 부족하고 불안감이 높아 새로운 도전을 주저하곤 해요. 이런 아이에겐 자유자재로 변형되는 반죽놀이가 아이의 마음을 자유롭게 해준답니다.

이렇게 만들어요 How to Make

준비 재료 색깔 반죽(적당량) 밀가루에 물과 천연 식용색소를 색깔별로 넣고 치대요.
소금과 식용유를 살짝 넣으면 반죽이 달라붙지 않아요, **검은콩(적당량)**
도구 완구용 눈알

1. 밀가루 반죽 위에 검은콩을 심어서 형태를 만들어요.

2. 여러 색의 밀가루 반죽과 눈알로 얼굴 모양을 꾸며요.
콩이라는 점이 모여 선이 되는 것을 배워요.
여러 색의 반죽을 섞는 것만으로도 아이는 즐거워한답니다.

색깔 반죽으로 예쁜 모양의 수제비를 만들어요

색깔 수제비&칼국수

수제비의 생명은 쫄깃한 반죽이지요. 반죽을 많이 치댈수록 쫄깃해져요. 수제비는 천연 가루와 쿠키 틀만 있으면 전혀 평범하지 않은, 우리 아이를 위한 최고의 반죽놀이가 되지요.

놀이 요령 & 효과 Play Tips & Effects

- ☑ 밀가루 반죽이 치댈수록 쫄깃하게 탄력이 생기는 이유는 밀가루의 단백질 성분인 글루테닌과 글리아딘이 탄력이 있는 글루텐으로 변하기 때문이에요.
- ☑ 밀가루 반죽에 모양을 찍으면 수제비, 칼로 썰면 칼국수가 되는군요.
- ☑ 칼로 썬 칼국수 면발로 이런저런 모양을 만드니 재미나요.
- ☑ 내가 찍은 모양의 수제비를 골라 먹는 재미가 쏠쏠해요.

이렇게 만들어요 How to Make

준비 재료 색깔 반죽(적당량) 밀가루에 물, 천연 가루(비트·단호박·녹차), 약간의 소금과 식용유를 각각 넣고 치댄 후 1시간 정도 냉장실에서 숙성시켜요, 덧밀가루(약간)

도구 도마, 밀대, 각종 쿠키 틀, 빵 칼

잘 치댄 밀가루 반죽을 알맞은 크기로 떨어내 도마 위에 올리고 덧밀가루를 뿌려가며 밀대로 얇게 밀어요. 쿠키 틀로 원하는 모양을 찍으며 마음껏 놀아요.

얇게 민 반죽을 칼로 길게 썰어서 칼국수 면발을 만든 후 재미난 패턴을 만들며 놀아도 즐거워요.

채소를 특징별로 분류해요

짜장면 & 밥

짜장면 싫어하는 아이는 없죠? 하지만 아쉽게도 밖에서 파는 짜장면에는 조미료가 많이 들어간다고 하네요. 걱정하지 말고 아이와 함께 몸에 좋은 웰빙 짜장을 직접 만들어봐요.

놀이 요령 & 효과 Play Tips & Effects

- ☑ 엄마가 짜장면을 직접 만들어보자고 하니 아이가 신이 나서 폴짝폴짝 뛰어요.
- ☑ 평소에 채소를 싫어하던 아이도 잘게 썬 채소를 까만 짜장 소스에 감추면 덥석덥석 아주 잘 먹는답니다.
- ☑ 마지막에 녹말물을 넣자마자 짜장 소스가 걸쭉해지는 모습이 흥미로워요.
  예서는 채소가 서로 달라붙는 모습을 보고는 "엄마, 채소들이 서로 뽀뽀하나 봐!"라고 말하네요.

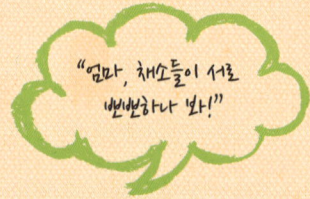

"엄마, 채소들이 서로 뽀뽀하나 봐!"

이렇게 만들어요 How to Make

준비 재료 양념한 돼지고기(100g) 고기를 잘게 다져 소금, 후춧가루, 맛술로 밑간해요. **양파·버섯·감자·고구마·당근·피망·파프리카 (적당량)** 길게 채 썰어요. **볶은 춘장** 프라이팬에 식용유를 뿌리고 춘장(150g), 설탕($\frac{1}{2}$)을 넣어 약한 불에서 보글보글 끓기 시작할 때까지 살짝 볶아요. **녹말물** 소량의 물에 녹말(2)을 넣고 저어요. **물(2컵)**

도구 도마, 빵 칼

"감자나 당근처럼 딱딱한 채소는 익는 데 시간이 오래 걸리고 파프리카나 버섯처럼 부드러운 것들은 금방 익겠지? 그럼 감자랑 당근부터 먼저 볶아보자!"

1
채소는 모두 잘게 썰어 접시에 가지런히 담아요.

2
냄비에 식용유를 두르고 양념한 돼지고기와 잘게 썬 채소를 넣어 잘 볶아요. 이때 딱딱한 채소부터 순서대로 넣으며 볶아요.

채소를 볶기 전에 딱딱한 것에서 부드러운 것 순서로 분류해봐요. 예를 들어 감자-당근-파프리카-버섯 순으로요.

"녹말물을 넣으니까 채소들이 서로 달라붙어요!"

3
볶은 춘장을 2에 넣고 함께 볶은 후 물을 넣고 끓여요.

4
녹말물을 넣어요.

녹말물을 넣으면 짜장 소스가 걸쭉해진다고 설명해주세요. 아이가 무척 흥미로워할 거예요.

5
완성된 짜장 소스를 밥이나 삶은 면 위에 올려 맛있게 먹어요.

쿠키 만들기의 원리를 배워요

모양쿠키

요리놀이라고 하면 머릿속에 가장 먼저 떠오르는 게 쿠키 만들기예요. 부드러운 반죽을 조물조물 만지는 것도 재미나고 반죽에서 풍기는 은은한 버터 향이 기분을 좋게 해요. 고사리 손으로 요리조리 뚝딱뚝딱 만지다 보면 어느새 멋진 쿠키가 완성되네요.

놀이 요령 & 효과 Play Tips & Effects

- ☑ 가게나 빵집에서만 사 먹던 쿠키를 집에서 직접 만들어보자고 하니 아이의 표정이 호기심으로 가득 차고 가슴은 설레어 콩당콩당 뛰네요.

- ☑ 버터, 설탕, 달걀, 밀가루를 섞어 쿠키 반죽을 만드는 과정이 정말 신기해요.
  그동안 맛있게 먹기만 했던 쿠키에도 과학적인 제조 원리가 숨겨져 있었군요.
  재료들을 섞어 반죽을 만들어보니 아이의 호기심이 몰라보게 자라나요.

- ☑ 은은한 버터 향이 풍기는 쿠키 반죽은 마치 점토처럼 가지고 놀기 좋아요.

- ☑ 반죽 위에 쿠키 틀을 찍어보니 갖가지 모양이 쏙 빠져나오네요. 꼭 마술을 하는 것만 같아요.

이렇게 만들어요 How to Make

준비 재료 버터(130g), 슈거 파우더 또는 설탕(100g), 달걀(1개) 버터와 달걀은 실온에 1시간 이상 미리 꺼내두세요, 밀가루(박력분 220g), 베이킹파우더(3g), 아몬드 가루(40g), 소금(약간)

꾸미기 재료 초콜릿 펜 50℃ 정도의 뜨거운 물에 담가요, 그릇

도구 볼, 거품기, 체, 비닐봉지 또는 비닐 랩, 도마, 밀대, 쿠키 틀(숫자 등 각종 모양)

1. 크림 상태로 녹인 버터에 슈거 파우더를 넣고 거품기로 젓다가 달걀을 넣고 충분히 저어요.

2. 밀가루, 베이킹파우더, 소금을 체에 내리며 1의 볼에 넣고 아몬드 가루를 넣은 뒤 주걱을 11자 모양으로 그으면서 섞어요.

반죽을 덩어리로 뭉쳐서 비닐을 덮고 냉장실에서 30분 이상 휴지시켜요.

휴지시킨 반죽의 적당량을 도마 위에 올린 후 밀대를 이용해 0.5cm 두께로 넓게 밀어요.

여러 가지 모양의 쿠키 틀로 찍으며 놀아요. 175℃의 오븐에서 15~20분 동안 구워요.
숫자 모양의 쿠키 틀을 이용해서 수를 배우면 재미나요.

초콜릿 펜을 따뜻한 물에 담가 녹인 후 구운 쿠키 위에 그림을 그리며 꾸며요.

여러 색의 쿠키 반죽으로 점토놀이를 해요

색깔쿠키

마치 색깔 점토를 만지고 놀 듯 쿠키도 여러 색의 반죽으로 만들어 예쁜 모양을 꾸며봐요. 아이의 미적 감각과 창의력이 맘껏 꽃을 피울 거예요.

놀이 요령 & 효과 Play Tips & Effects

- ☑ 인공 점토보다 안전하고 향도 좋은 색깔 쿠키 반죽으로 놀아요.
- ☑ 바탕 반죽 위에 여러 색깔의 반죽으로 꾸미니 모양이 정말 예쁘네요.

이렇게 만들어요 How to Make

스프링클

준비 재료 기본 반죽104쪽 '모양쿠키'의 반죽 과정을 참조해 기본 반죽을 만들어요, 색깔 반죽(백년초·녹차·코코아·단호박 또는 황치즈 가루 ⅓씩), 스프링클(생략 가능)

도구 볼, 비닐 랩 또는 비닐봉지, 그릇, 도마, 쿠키 틀(큰 것과 작은 것), 유산지

기본적인 쿠키 반죽법에 따라 재료를 배합해요. 104쪽의 방법대로 만들되 양이 부족할 경우엔 전체적인 재료의 양을 2배로 늘리면 돼요. 반죽의 절반은 따로 떼어놓고, 나머지 반죽을 색깔별로 그릇에 각각 나눠 담아요.

나눠 담은 그릇에 백년초, 녹차, 코코아, 단호박 가루를 ⅓순가락씩 각각 넣고 잘 섞어 뭉친 후 비닐 랩을 씌워 냉장실에서 30분 이상 휴지시켜요.

단호박 대신 황치즈 가루를 넣을 경우에는 양을 좀 더 넣어요. 단호박과 황치즈 반죽은 막상 굽고 나면 색깔이 비슷하게 나오니 둘 중 하나만 골라서 해요.

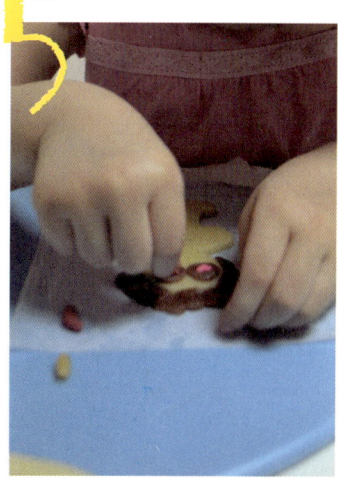

따로 떼어놓은 절반의 반죽은 바닥에 비닐 랩을 깔고 0.5㎝ 굵기로 민 후 비닐 랩을 씌워 냉장실에서 30분 이상 휴지시켜요.

반죽이 남을 경우 밀대로 민 바탕 반죽은 비닐 랩을 씌우고, 색깔 반죽은 동글게 빚어 비닐봉지에 담아 냉동실에 보관하세요. 필요할 때 꺼내 쓰면 편리해요.

3의 바탕 반죽을 큰 쿠키 틀로 찍어내요.

찍어낸 반죽을 유산지 위에 올려놓고 2의 색깔 반죽을 덧붙여 예쁘게 꾸며요. 완성된 작품은 쿠키 팬 위에 올려놓고 175℃의 오븐에서 15~20분 정도 구워요.

사람 모양의 쿠키를 만들 경우엔 눈, 코, 입을 붙이고 머리를 꾸민 뒤 옷을 입혀요.

파스텔 색상의 아이싱으로 꾸며요

아이싱쿠키

쿠키 위에 초콜릿 펜이 아닌 아이싱으로도 다양하게 꾸며봐요. 마치 쿠키라는 도화지 위에 예쁜 그림을 그리는 것만 같아요.

놀이 요령 & 효과 Play Tips & Effects

☑ 쿠키 위에 아이싱으로 색을 내니 신기해요.
☑ 짤주머니를 꽉 눌러 짜면 아이싱이 가늘게 빙글빙글 요동치며 나와요. 이 과정에서 손 조작 능력이 정교해진답니다.

이렇게 만들어요 How to Make

준비 재료 모양 쿠키 구운 것 104~105쪽 참조, 달걀흰자(1개 분량), 슈거 파우더(200g), 레몬즙(약간), 천연 과일 색소(딸기·망고·녹차·블루베리 약간씩)

도구 볼, 작은 컵 4개, 거품기, 짤주머니, 고무줄, 가위

1

달걀흰자에 슈거 파우더를 섞고 레몬즙을 살짝 뿌려 거품기로 잘 섞어요. 작은 컵 4개에 각각 30g 정도씩 담은 후 볼에 남은 것은 그냥 흰색으로 두고 각각의 컵에 과일 색소를 색깔별로 넣어 섞어요.

2
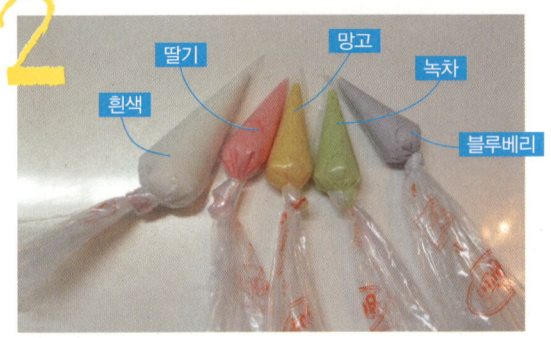

짤주머니에 1의 색깔 아이싱을 각각 넣고 손잡이 부분을 고무줄로 묶은 후 뾰족한 끝 부분을 가위로 작게 잘라요.

3

쿠키 위에 먼저 흰색 아이싱을 맘껏 짜보면서 손 감각을 익혀봐요.

4

쿠키 위에 여러 색깔의 아이싱을 써서 마음껏 자유롭게 표현해요.

쿠키로 집을 꾸미면서
공간을 상상해요

쿠키집

시간이 넉넉한 날의 오후, 아이에게 쿠키로 집을
만들어보자고 한번 제안해보세요.
그 순간 아이의 표정은 호기심과 설렘으로 반짝반짝 빛이 나고
과연 어떻게 집을 지을 수 있을까 상상의 나래를 펴기 시작해요.
쿠키집은 아이에게 최고의 선물이 될 거예요.

놀이 요령 & 효과 Play Tips & Effects

- ☑ 놀이를 시작하기 전에 〈헨젤과 그레텔〉 같은 동화책을 읽어 아이의 상상력을 더욱 자극해요.
- ☑ 집 만들기는 공간과 입체 도형에 대한 감각을 키우기에 더없이 좋은 놀이랍니다. 더욱이 맛있는 쿠키로 집을 만든다면 아이의 즐거움이 배가되겠지요.

 How to Make

준비 재료 버터(190g), 달걀(1개), 달걀노른자(1개), 슈거 파우더(150g), 베이킹파우더(2g) 많이 부풀지 않게 조금만 넣어요, 밀가루(박력분 330g), 아몬드 가루(60g), 소금(약간)

꾸밈 재료 색깔 쿠키 집을 장식할 예쁜 모양의 쿠키를 만들어요. 104쪽 '모양쿠키'의 기본 반죽 만들기와 108~109쪽 '색깔 쿠키' 만들기를 참조하세요. **아이싱** 아이싱은 집의 벽을 붙일 때 풀처럼 사용할 거예요. 112쪽 '아이싱 쿠키' 만들기를 참조하세요. **스프링클** 등

도구 볼, 도화지, 밀대, 칼, 비닐 랩, 유산지

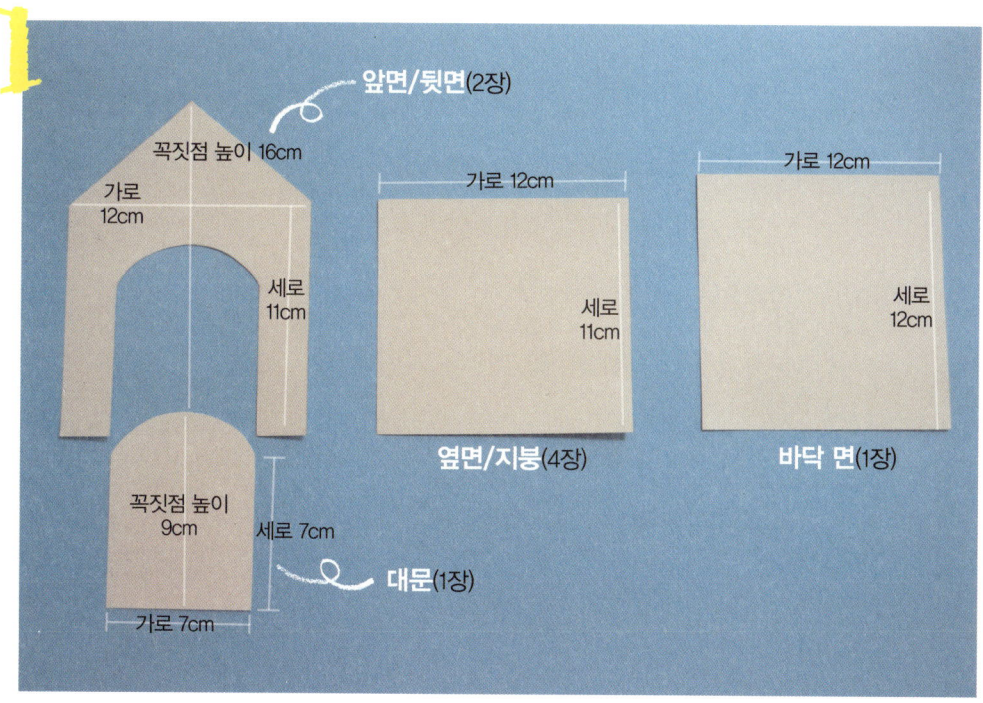

앞면/뒷면 (2장) — 꼭짓점 높이 16cm, 가로 12cm, 세로 11cm
옆면/지붕 (4장) — 가로 12cm, 세로 11cm
바닥 면 (1장) — 가로 12cm, 세로 12cm
대문 (1장) — 꼭짓점 높이 9cm, 세로 7cm, 가로 7cm

기본 쿠키 반죽법에 따라 재료를 배합한 후 냉장실에서 30분 정도 휴지시켜요. 도화지 위에 쿠키집의 기본 도안을 그려 칼로 잘라요.

여기서는 아이싱을 지붕 위에 뿌린 후 비가 온다면서 열른 인형 쿠키를 처마 밑에 숨기네요.

밀대를 이용해 반죽을 0.5cm 두께로 평평하게 민 후 그 위에 도안을 올리고 칼로 정확히 잘라요. 175℃의 오븐에서 10~15분간 구워요.

도안의 크기가 커서 모양이 잘 나오지 않을 경우 바닥에 비닐 랩을 깔고 반죽을 민 다음 냉동실에 넣어 단단하게 휴지시키고 나서 칼로 자르면 훨씬 쉽답니다. 여기까지는 엄마가 준비해주세요.

집의 바닥 면 ➔ 뒷면 ➔ 옆면 ➔ 앞면 ➔ 지붕의 순서로 아이싱을 이용해 이용해 붙이세요.

대문에 손잡이를 붙이고 나머지 부분도 예쁘게 꾸며요.

대문 안으로 인형 쿠키를 왔다 갔다 하면서 자연스럽게 인형놀이를 시작해요. 놀이의 흐름을 아이의 상상에 맡겨보세요. 아이다운 기발한 발상이 마구 터져 나오면서 정말 신나게 논답니다.

 베이킹파우더가 반죽을 부풀려요

핫케이크

핫케이크는 오븐이나 특별한 도구 없이도 집에서 간편하게 해먹을 수 있는 간식이에요. 하지만 평범한 핫케이크도 예쁘게 꾸미면 특별한 핫케이크가 되지요.

놀이 요령 & 효과 Play Tips & Effects

- ☑ 핫케이크에는 쿠키보다 베이킹파우더가 많이 들어가요. 쿠키보다 더 많이 부풀고 부드러운 빵을 만들기 위해서지요.
- ☑ 베이킹파우더는 탄산수소나트륨이 주성분으로, 빵이나 케이크 등을 만들 때 열을 가하면 이산화탄소를 발생시켜 반죽을 부풀어 오르게 해요.
- ☑ 그냥 먹으면 맛이 좀 밋밋한 핫케이크도 생크림을 바르고 과일을 얹어 먹으면 색다른 맛을 즐길 수 있어요.
- ☑ 다양한 꾸밈 재료로 핫케이크를 자유롭게 꾸며요.

"베이킹파우더를 반죽에 넣고 열을 가하면 이산화탄소라고 부르는 공기 방울이 아주 많이 생긴단다. 그 공기 방울들이 뽀글뽀글 솟아 올라 빵을 부풀어 오르게 하는 거야."

이렇게 만들어요 How to Make

준비 재료 버터(30g), 설탕(60g), 달걀(1개), 밀가루(박력분 200g), 베이킹파우더(6g), 소금(약간), 우유(200㎖), 식용유(약간)
꾸밈 재료 생크림, 냉동 블루베리
도구 볼, 거품기, 체, 숟가락

1 버터를 녹이고 설탕과 달걀을 넣은 후 거품기로 충분히 섞어요.

2 밀가루와 베이킹파우더, 소금을 체에 내리며 볼에 넣어요.

3 우유를 넣고 잘 섞어요.
이때 너무 많이 휘젓지는 마세요.

"엄마, 베이킹파우더 때문에 반죽에 구멍이 생기면서 부풀어 올라요."

4 팬에 버터나 식용유를 두르고 키친타월로 살짝 닦은 후 반죽을 숟가락으로 떠서 얇게 펴요. 반죽에 구멍이 송송 뚫리면서 익어갈 때 뒤집어요.

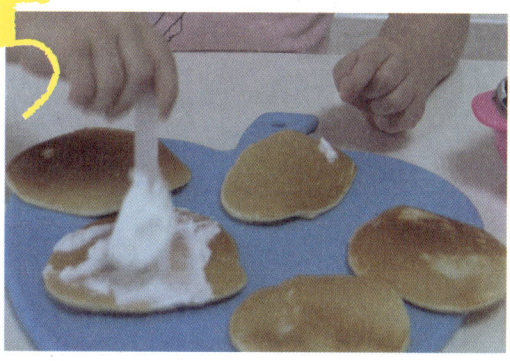

5 생크림을 바르고 블루베리로 모양을 내서 먹으면 정말 맛있어요.
생크림은 우유 크림을 거품기로 강하게 휘저어 만들 수 있어요. 거품기를 사용하여 크림 속에 무수한 공기 구멍을 만들어 부풀리는 원리를 이용한 것이지요.

꾸밈 재료로 예쁘게 장식해요

크림치즈머핀

머핀은 일반 빵보다 만드는 방법이 간단하면서도 각종 꾸밈 재료로 예쁘게 장식할 수 있어서 아이들이 참 좋아해요.

놀이 요령 & 효과 Play Tips & Effects

- ☑ 어린아이에게는 양이 많은 큰 머핀보다 한입에 쏙 들어가는 작고 귀여운 미니 머핀이 훨씬 먹기 좋아요.
- ☑ 어린이집이나 유치원 친구들을 위해 간식으로 싸주면 인기 만점이랍니다.
- ☑ 건조 과일이나 견과류로 장식하면서 미적 감각을 키워요.

이렇게 만들어요 How to Make

준비 재료 버터(45g), 크림치즈(80g), 설탕(60g), 달걀(1개), 밀가루(박력분 120g), 베이킹파우더(4g), 아몬드 가루(20g), 우유(55g), 소금(약간) 미니 머핀 24개를 만들 수 있는 분량이에요

꾸밈 재료 건조 과일·견과류, 스프링클

도구 거품기, 볼, 짤주머니, 별 모양 깍지, 유산지, 머핀 틀

1 거품기를 이용해 버터와 크림치즈를 잘 섞은 후 설탕을 넣고 휘젓다가 달걀을 넣고 저어요.
예서는 거품기로 저으면서 볼이 빙빙 돌아가는 게 재미있나 봐요. 신나게 휘젓네요.

2 밀가루와 베이킹파우더, 소금을 체에 내리며 넣고, 아몬드 가루와 우유를 넣어 섞어요.

3 별 모양 깍지를 끼운 짤주머니 속에 2의 머핀 반죽을 넣은 후 유산지를 깐 머핀 틀에 짜서 반죽을 채워요.
반죽이 별 모양 깍지를 통해 빠져나오는 모양이 신기해요.
반죽이 익으면서 부풀어 오르니 너무 많은 양을 담지는 마세요.

4 반죽 윗부분을 건조 과일과 견과류, 스프링클로 꾸민 후 175℃의 오븐에 20~25분 정도 구워요.

컵케이크로 생일잔치를 해요

컵케이크

동네 친구들 모아 컵케이크를 만들면서 간단한 파티를 즐기면 아이가 너무 좋아해요. 크고 화려한 케이크보다는 작지만 나만의 귀여운 케이크를 직접 꾸며보면서 성취감을 느낄 수 있어요.

놀이 요령 & 효과 Play Tips & Effects

- ☑ 부피가 큰 케이크가 부담스러울 땐 크기가 작고 귀여운 컵케이크로도 충분히 즐길 수 있어요.
- ☑ 컵케이크 만들기는 아이의 생일 이벤트로도 좋아요. 친구들을 초대해서 각자 나만의 컵케이크를 만들면서 다같이 웃고 떠드는 시간은 정말 즐겁겠죠?
- ☑ 케이크 장식을 하는 순간 마치 꼬마 예술가가 된 것만 같아요. 머핀 위에 하얀 프로스팅을 짜서 신비로운 모양을 만들고 각종 견과류와 화려한 스프링클로 장식을 해요. 아이의 행복감도, 미적 감각도 쑥쑥 자라겠지요?
- ☑ 아무리 어설픈 손으로 엉망진창 얼렁뚱땅 꾸몄을지라도 아이들은 케이크에 초를 꽂아 불을 붙이고 다 같이 노래하며 박수를 치면 자신들 작품에 얼마나 뿌듯해하는지 몰라요. 아이들 얼굴에 함박웃음이 가득해지네요.

"우리가 만든 컵케이크에 초를 꽂고 노래를 부르니 너무 즐거워요."

이렇게 만들어요 How to Make

준비 재료 큰 머핀(여러 개)머핀은 122쪽 '크림치즈머핀' 만들기를 참조하되 크림 치즈 대신 땅콩버터를 넣어도 돼요, **크림치즈 프로스팅**버터(40g), 크림 치즈(65g), 슈거 파우더(100g)를 섞어 만들어요.

꾸밈 재료 스프링클, 블루베리, 견과류, 초
도구 볼, 거품기, 짤주머니, 별 모양 깍지

1 볼에 버터와 크림치즈, 슈거 파우더를 넣고 거품기로 부드러워질 때까지 충분히 섞어 크림치즈 프로스팅을 만들어요.

2 별 모양 깍지를 끼운 짤주머니 속에 크림치즈 프로스팅을 넣고 머핀 위에 짜낸 후 각종 꾸밈 재료로 장식해요.

3 초를 꽂고 촛불을 붙인 후 다같이 노래를 부르면 정말 즐거운 시간이 된답니다.

달걀흰자를 부풀린 머랭으로
빵을 만들어요

생크림 케이크

제과점에 진열된 예쁜 케이크를
부럽게만 쳐다보던 일은 이제 그만!
직접 케이크를 만들어보면서
신비롭게만 보이던 케이크의
제조 원리를 아이와 함께
탐색하고 성취감도 느껴봐요.

놀이 요령 & 효과 Play Tips & Effects

- ☑ 아이가 작은 컵케이크 꾸미기에 흥미를 보였다면 큰 케이크로 더욱 멋진 작품을 만들 기회를 주고 싶네요.
- ☑ 가끔 아이가 제과점의 비싼 케이크를 사달라고 울며 떼를 써요. 아이 손으로 직접 만든 작품이 제과점 케이크 부럽지 않다는 사실을 알려줘야겠네요. 그냥 돈을 주고 비싼 케이크를 사 먹을 때의 기쁨보다는 스스로 만들고 배우는 기쁨이 더 크다는 사실을 아이도 느끼겠죠?

이렇게 만들어요 How to Make

준비 재료 달걀흰자(4개), 달걀노른자(4개), 설탕(100g), 밀가루(박력분 100g), 베이킹파우더(3g), 소금(약간), 물엿(20g), 우유(20g), 녹인 버터(25g), 생크림(적당량) 재과점에서 구입해요

꾸밈 재료 스프링클, 슬라이스 아몬드, 크런치, 블루베리 등

도구 볼, 케이크 틀, 거품기, 체, 주걱

1

설탕의 절반가량을 흰자에 세 차례 나눠 넣으면서 거품기로 오랫동안 저어 머랭을 만들어요. 거품기를 올렸을 때 빳빳한 뿔 모양이 꺼지지 않을 정도까지 거품을 내야 해요.

2

남은 설탕 절반을 달걀노른자에 넣고 마요네즈 색이 될 때까지 저은 후 1의 흰자 머랭과 가볍게 섞어요.

3

2에 체 친 밀가루, 베이킹파우더와 소금, 물엿, 우유를 넣어요. 반죽을 한 국자 덜어서 녹인 버터를 섞은 후 다시 볼에 넣어 흰자의 거품이 꺼지지 않게 조심스럽게 섞어요.

"흰자에는 단백질 성분이 있단다. 이렇게 휘저으면 흰자의 단백질 성분이 공기를 끌어들이지. 그래서 눈에 보이지 않게 자그마한 공기 방울들이 생기면서 부풀어 오른단다."

"아까 흰자의 단백질이 작은 공기 방울을 품고 있다고 했지? 그 공기 방울이 반죽 속에 얌전히 숨어 있다가 오븐에서 열을 받으면 부풀어 올라 터질 거야. 그럼 케이크도 덩달아 부풀어 오른단다."

4 반죽을 케이크 틀에 넣고 180℃로 예열한 오븐에서 20분 정도 구워요.

5 4의 케이크 위에 주걱으로 생크림을 고르게 펴 바르고 마지막으로 테두리에 생크림을 한 번 더 두르면 더욱 예뻐요.
생크림은 바르기 전에 케이크를 충분히 식히세요.

6 각종 꾸밈 재료로 케이크를 예쁘게 장식해요.

밀가루, 버터의 층이 겹겹이 쌓여 파이의 결을 만들어요

나뭇잎파이

바삭바삭한 파이는 쿠키나 빵과는 생김새도 맛도 전혀 달라요. 층층이 결이 살아 있는 파이에는 어떤 비밀이 숨겨져 있을까요? 아이와 함께 탐색해보아요.

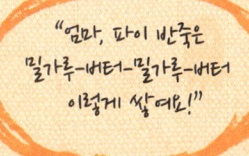
"엄마, 파이 반죽은 밀가루-버터-밀가루-버터 이렇게 쌓여요!"

놀이 요령 & 효과 Play Tips & Effects

- ☑ 파이는 밀가루 반죽 사이사이에 버터가 끼면서 반죽이 서로 붙지 않고 수많은 층을 이뤄요. 결이 제대로 살려면 차가운 버터가 녹지 않도록 빠르게 작업해야 한답니다.
- ☑ 아이에게 파이의 원리를 설명해주니 "밀가루! 버터! 밀가루! 버터!" 하며 노래를 부르네요.
- ☑ 나뭇잎 모양의 파이를 만들면서 나뭇잎의 잎맥을 그려보아요.

이렇게 만들어요 How to Make

준비 재료 밀가루(강력분·박력분 100g씩), 버터(110g) 사방 1cm 이하로 깍둑썰기를 해요, 소금(3~5g), 찬 우유(60㎖), 덧밀가루(약간)

도구 볼, 체, 주걱 또는 끝이 날카로운 도구, 비닐 위생 장갑, 비닐 랩, 도마, 밀대, 나뭇잎 또는 꽃 모양 쿠키 틀

1

밀가루를 체에 내려 볼에 넣은 후 버터와 소금, 찬 우유를 넣고 주걱이나 끝이 날카로운 도구로 버터를 자르면서 밀가루와 섞으세요.

버터와 우유를 차게 하는 것이 중요해요. 버터가 녹으면 파이 결이 살지 않아요. 아이에게 파이의 결은 밀가루와 버터가 서로 섞이지 않게 층층이 쌓이게 해서 구우면 생긴다고 설명해주세요.

2

비닐 위생 장갑을 끼고 버터가 녹지 않게 재빨리 뭉친 후 비닐 랩을 씌워 냉장실에서 1시간 정도 휴지시켜요.

3

반죽을 두 덩어리로 나눠요. 도마 위에 덧밀가루를 뿌리고 한 덩어리를 올려 밀대로 밀어요. 3등분해서 접은 다음(3절 접기) 비닐 랩으로 싸서 냉장실에서 30분 이상 휴지시켜요.

3절 접기와 휴지 과정을 세 번 반복하세요.

"버터를 밀가루 속에 퐁당 빠뜨리자! 주걱으로 버터를 조각조각 자르면 버터가 밀가루 옷을 입으면서 서로 달라붙지 않지? 이렇게 밀가루와 버터가 서로 섞이지 않게 구우면 층이 생긴단다."

4

마지막 휴지를 마친 후 반죽을 0.5cm 두께로 얇게 밀어요. 나뭇잎 모양의 쿠키 틀로 찍은 후 이쑤시개로 나뭇잎의 잎맥을 그려요.

5

오븐 팬 위에 올린 반죽 위에 설탕을 골고루 뿌린 후 175℃의 오븐에서 20분간 구워요.

 파이 속에 사과잼이 숨어 있어요

미니 사과파이

파이 반죽 속에 사과잼을 숨겨놓았어요. 파이를 한입 베어 물면 달콤한 사과잼이 스르르 흘러 나와 입안을 감싸요.

놀이 요령 & 효과 Play Tips & Effects

- ☑ 파이를 만들기 전에 백설공주 이야기를 들려줬어요. 왕비의 독사과처럼 파이를 만들어보자고 하니까 예서는 어느새 변장을 하고 나왔네요. 엄마한텐 마녀 모자를 씌워줬답니다.
- ☑ 검붉은 계핏가루를 독 가루라고 상상하며 파이를 만들었어요. 마치 왕비가 된 것처럼 사과잼 속에 독 가루를 넣는 순간, 정말 온몸이 으스스한걸요.

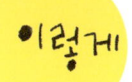 How to Make

준비 재료	파이 시트(2장) 132쪽 '나뭇잎 파이'의 파이 반죽 만들기를 참조해 파이 시트를 만들어요. , 덧밀가루(적당량), 달걀물(약간) 달걀노른자 1개에 우유를 동량으로 섞어 만들어요. , 설탕(약간)
사과잼 재료	사과(큰 것 1개 또는 작은 것 2개), 버터(1), 설탕(3), 계핏가루(약간), 레몬즙(약간)
도구	도마, 안전 칼, 볼, 숟가락, 큰 쿠키 틀, 포크 또는 이쑤시개

사과를 잘게 깍둑썰기 해요.

냄비에 사과와 버터, 설탕, 계핏가루, 레몬즙을 넣고 조려요.

도마 위에 덧밀가루를 뿌리고 파이 시트 1장을 올린 뒤 사과잼을 숟가락으로 덜어 올려요. 파이 시트를 겹쳐 덮은 후 쿠키 틀로 찍어요. 포크에 밀가루를 묻혀 가장자리 부분을 콕콕 찍어 붙여요.
이쑤시개나 포크로 파이의 윗면을 찍어 구멍을 내요. 그렇지 않으면 파이 속이 익으면서 열을 받아 터지거든요.

3의 방법 외에 반죽을 직사각형 모양으로 2개 자른 후 가장자리를 포크로 찍어 붙여도 된답니다.
파이 시트 한쪽 면에 칼집을 내면 예쁜 모양이 나와요.

파이 윗면에 달걀물을 바른 후 설탕을 뿌려요. 175℃의 오븐에서 20분 정도 구우면 층층이 결이 살아 있는 사과파이가 완성된답니다.

이렇게 놀아요 How to play

- ✓ 도화지 위에 사인펜으로 나무 줄기를 그리고 색종이를 잘라 붙인 후 나뭇잎파이와 사과파이를 올려 꽃나무를 꾸몄어요.

- ✓ 요리놀이가 어느새 미술놀이가 되었네요. 아이는 이렇게 파이를 가지고 놀면서 한 가지 재료의 다양한 활용법을 자연스레 배워요. 먹는 것 가지고 장난하지 말라고요? 쉿! 잠깐만, 조용히 기다려주세요. 지금 아이의 뇌가 창의력을 키우고 사고력을 넓히는 중이거든요.

밀가루 반죽이 이스트를 만나면 부풀어요

찐빵

이스트를 이용해 따끈따끈한 찐빵을 만들어요. 이스트를 넣은 빵 반죽이 크게 부풀어 오르는 모습이 놀라워요. 도대체 이스트라는 이 요술쟁이는 무엇일까요?

놀이 요령 & 효과 Play Tips & Effects

- ☑ 밀가루에 이스트와 설탕을 넣으면 이스트가 반죽 속의 당분을 먹고 이산화탄소를 배출하면서 반죽이 부풀어 오른답니다. 사람의 체온과 같은 온도로 적절한 수분을 유지하면서 발효시키세요. 반죽이 2배로 부푸는 모습이 정말 요술을 부리는 것만 같아요.
- ☑ 겉으로 보기에는 딱딱한 작은 알갱이지만 이스트는 살아 있는 생물체와도 같아요. 따뜻한 물을 만나 풀어지면 활동을 시작한답니다. 설탕을 배불리 먹고 가스도 배출하니 정말 신기한 친구네요.

"이렇게 밀가루랑 이스트, 설탕, 물을 함께 섞어서 따뜻한 곳에 놓으면 이스트가 설탕을 우적우적 먹고 가스를 뽕뽕 내뿜는대. 그러면 그 가스 때문에 반죽이 점점 부풀어 오르는 거야. 이거, 방귀쟁이 이스트잖아!"

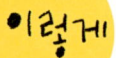 ## How to Make

준비 재료 밀가루(박력분 100g), 베이킹파우더(1g), 천연 가루(약간), 인스턴트 드라이이스트(3g), 소금(1g), 설탕(8g), 우유를 절반 정도 섞은 따뜻한 물(60~70㎖), 버터(8g), 팥앙금(120g) 144쪽 '동물 모양 단팥빵' 만들기를 참조하세요.
작은 찐빵 6개를 만들 수 있는 분량이에요.

도구 볼, 체, 비닐 랩, 찜통

밀가루를 체에 내려 볼에 담은 후 베이킹파우더, 천연 가루, 드라이이스트, 소금, 설탕을 서로 닿지 않게 넣어요. 따뜻한 우유 물을 부어 충분히 오래 섞어 덩어리로 만든 후 버터를 넣고 15분 이상 잘 치대요.

잘 치댄 반죽을 덩어리로 만들어 비닐 랩을 씌운 후 따뜻한 곳에서 1시간 이상 1차 발효를 해요.
비닐 랩에 살짝 구멍을 내요. 이스트가 숨을 쉬어야 하니까요.

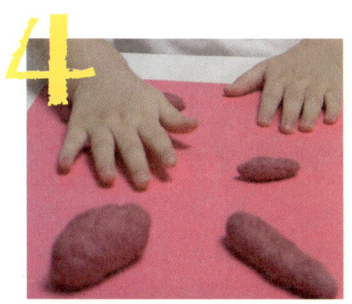

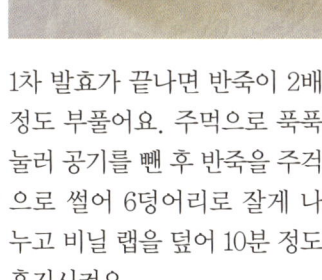
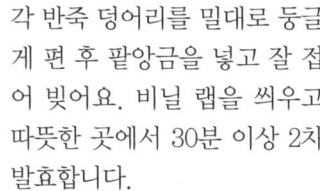

1차 발효가 끝나면 반죽이 2배 정도 부풀어요. 주먹으로 푹푹 눌러 공기를 뺀 후 반죽을 주걱으로 썰어 6덩어리로 잘게 나누고 비닐 랩을 덮어 10분 정도 휴지시켜요.

각 반죽 덩어리를 밀대로 둥글게 편 후 팥앙금을 넣고 잘 접어 빚어요. 비닐 랩을 씌우고 따뜻한 곳에서 30분 이상 2차 발효합니다.
아이답게 잘 빚었죠? 아직은 손이 서툴러 예쁘게 접지는 못하지만 그래도 많이 칭찬해주세요.

2차 발효가 끝나면 반죽이 1.5배 정도 부풀어요. 반죽을 유산지 위에 올리고 김이 오른 찜통에 10분 이상 찌세요.

141

귀여운 동물 모양으로 빵을 만들어요
동물 모양 단팥빵

식어도 맛이 좋은 단팥빵을 만들어요. 반죽을 동글동글 말아 요리조리 붙이면 동물 모양의 단팥빵이 되네요.

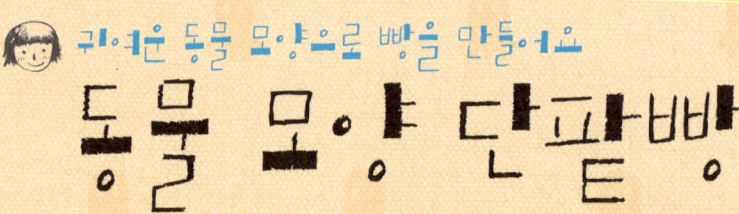

놀이 요령 & 효과 Play Tips & Effects

- ☑ 발효된 빵 반죽은 만지는 촉감이 정말 부드러워요. 아이와 함께 느낌을 얘기해보세요. 인공 점토를 만질 때와는 전혀 다른 부드러움과 따뜻함, 포근함이 느껴진답니다.
- ☑ 아이가 부드러운 반죽을 요리조리 만지면서 맘껏 표현할 수 있도록 시간을 주세요. 아이는 마음이 한결 편안해지는 걸 느낄 거예요.
- ☑ 밀대로 동그랗게 민 빵 반죽에 팥앙금을 넣어 빚는 작업이 참 재미있어요.
- ☑ 남은 반죽을 요리조리 붙여 곰돌이, 쥐돌이, 토끼, 돼지 모양의 단팥빵을 만들면서 놀아요.
- ☑ 빵 반죽 위에 달걀물을 바르면 신기하게도 색깔이 참 곱게 구워지네요.

이렇게 만들어요 How to Make

준비 재료 밀가루(강력분 250g), 설탕(30g), 소금(3g), 인스턴트 드라이이스트(4g), 달걀(1개), 우유를 절반 정도 섞은 따뜻한 물(120㎖) 우유물은 200㎖까지 넣을 수 있어요. 우유물을 많이 넣을수록 부드러운 단팥빵이 되지만 아이와 작업할 땐 적게 넣어야 손놀림이 쉬워요, **버터(40g), 팥앙금(250g)** 팥 1컵을 삶아 으깨 물엿(2), 설탕(3)을 넣고 냄비에 조린 후 20g씩 둥글게 빚어 만들어요, **달걀물(약간)** 달걀노른자 1개에 우유를 동량으로 섞어 만들어요

도구 체, 볼, 비닐 랩, 도마, 밀대, 초콜릿 펜

1 밀가루를 체에 내려 볼에 담고 설탕, 소금, 드라이이스트를 서로 닿지 않게 넣어요. 달걀을 넣고 비비다가 따뜻한 우유물을 넣고 오랫동안 잘 치대요. 반죽이 덩어리로 뭉쳐지면 버터를 넣고 20분 정도 본격적으로 강하게 치댑니다.

2 매끈해진 반죽에 비닐 랩을 씌워 따뜻한 곳에서 1시간 정도 발효시켜요.
비닐 랩에 살짝 구멍을 내요. 이스트가 숨을 쉬어야 하니까요.

3 1차 발효가 끝나면 반죽이 2배 정도 부풀어요. 주먹으로 반죽을 푹푹 눌러 공기를 빼고 주걱으로 썰어 40g 정도의 크기로 작게 나눈 후 비닐 랩을 씌워 10분 정도 휴지시켜요.

반죽을 밀대로 동그랗게 밀고 팥앙금을 넣어 잘 오므려요.

예서는 팥앙금을 넣고 반죽을 오므리는 것을 아주 재미있어 했어요.

남은 반죽으로 동물들의 귀나 코를 만들어요.

귀 크기만 살짝 다르게 했는데도 곰돌이, 쥐돌이, 토끼 모양이 되네요. 나머지 반죽은 가운데를 눌러 구멍을 내면 좋아요.

반죽 위에 달걀물을 발라요. 따뜻한 곳에서 30분 이상 2차 발효를 해요.

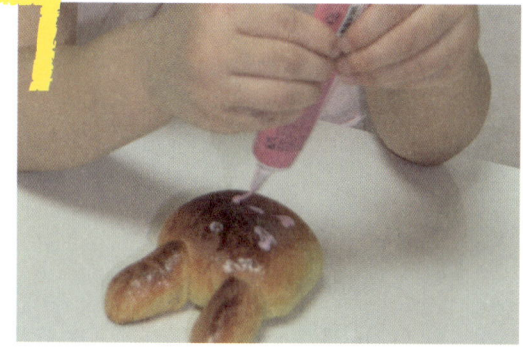

180℃의 오븐에서 10~15분간 구운 후 단팥빵이 완성되면 초콜릿 펜으로 꾸며요.

배수와 분수, 대칭의 개념을 배워요

피자

피자는 아이와 요리놀이 하기에 딱 좋은 단골 메뉴이지요. 만들기도 쉽고 맛과 향이 좋아서 간편하게 즐거운 놀이 시간을 마련할 수 있어요.

놀이 요령 & 효과 Play Tips & Effects

- ☑ 피자는 하얀 도화지 같은 동그란 빵 위에 형형색색 채소를 아무렇게나 흩뿌리는 것 같지만 굽고 나면 마치 한 폭의 그림을 보는 것만 같아요. 달콤한 치즈 향이 은은하게 풍겨 정말 기분 좋은 놀이 시간이 된답니다.

- ☑ 피자를 자르면서 2개, 4개, 6개, 8개의 수를 세며 배수의 개념을 배울 수 있고, 나눈 피자 조각을 가리키면서 $\frac{1}{2}$, $\frac{1}{4}$, $\frac{1}{8}$을 가르쳐주면 분수의 개념도 익힐 수 있어요. 피자를 자를 땐 양쪽 모양이 똑같이 나눠지는 대칭 개념을 배울 수 있고 하나씩 먹으면서 몇 개가 남았는지 세어보며 뺄셈도 익힐 수 있어요.

이렇게 만들어요 How to Make

준비 재료 토르티야 1장, 크림치즈 또는 생크림(적당량), 잘게 다진 채소(양파·버섯·피망·파프리카 적당량), 칵테일 새우(적당량), 모차렐라 치즈(적당량)
도구 숟가락, 도마, 빵 칼

토르티야 위에 크림치즈를 발라요.

잘게 다진 채소와 새우를 골고루 올려요.

모차렐라 치즈를 골고루 덮어요. 180℃로 예열한 오븐에 15분간 구워요.

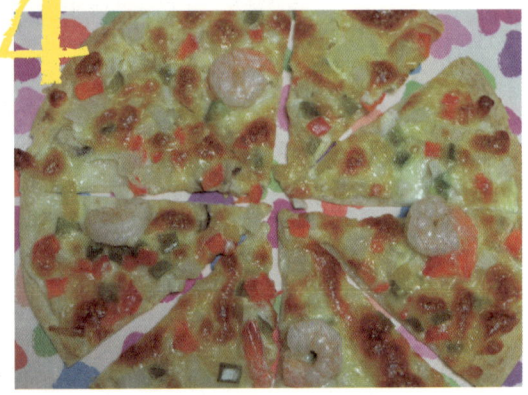

다 구운 피자를 양쪽이 대칭되도록 반으로 잘라요. 계속 반씩 자르면서 2개, 4개, 6개, 8개로 수를 세면 배수의 개념을 배울 수 있어요. 좀 더 큰 아이의 경우엔 $\frac{1}{2}$, $\frac{1}{4}$, $\frac{1}{8}$을 말하면서 분수의 개념을 배워요.
삶은 고구마의 넓은 면을 굵게 썰어서 토르티야 대신 피자 도(dough)로 쓸 수도 있어요. 더욱 달콤한 맛을 즐길 수 있답니다.

반달 모양의 만두를 빚어요

만두

만두는 편식하는 아이에게 영양소를 골고루 먹이기 좋은 음식이죠. 직접 만든 만두로 만둣국을 끓여 한 그릇 뚝딱 비우니 정말 든든하네요.

놀이 요령 & 효과 Play Tips & Effects

- ☑ 만두피 위에 재료를 살포시 올려놓고 반으로 접기만 하면 되니 어린아이도 쉽게 따라 할 수 있어요.
- ☑ 둥근 원의 만두피를 접으니 반달 모양이 되었네요.

이렇게 만들어요 How to Make

준비 재료 다진 돼지고기(250g)고기는 소금, 후춧가루, 다진 마늘, 생강 가루를 넣고 밑간해요. 김치(한 줌)김치는 물에 헹궈 꼭 짠 후 잘게 다져요. 잘게 썬 부추(한 줌), 당면(60g)물에 불린 후 잘게 썰어요. 두부(한 줌)물기를 충분히 뺀 후 으깨요. 숙주(적당량)끓는 물에 살짝 삶아 물기를 꼭 짠 후 잘게 다져요. 달걀(1개), 다진 파·다진 마늘·생강 가루·참기름·소금·후춧가루(약간씩)

만두피 반죽 밀가루 반죽(색깔별로 200g씩), 천연 가루(비트·단호박·녹차 ½씩), 소금(약간), 물(색깔별로 ⅔컵씩), 식용유(2), 덧밀가루(적당량)밀가루 200g씩에 각각 3가지 천연 가루와 소금, 물, 식용유를 넣어 잘 치댄 후 냉장실에서 30분 이상 휴지시켜요.
만두를 50~60개 정도 만들 수 있는 분량이에요.

도구 볼, 도마, 밀대, 숟가락, 찜통, 어린이용 비닐 위생 장갑

1. 볼에 준비 재료를 모두 넣고 잘 치대서 만두소를 만들어요.

2. 도마 위에 덧밀가루를 뿌리고 만두피 반죽을 지름 2㎝의 크기로 둥글게 떼서 올린 뒤 밀대로 얇고 둥글게 잘 밀어요.

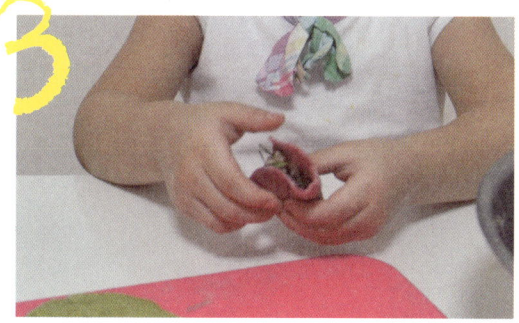

3. 숟가락으로 만두소를 적당량 떠서 만두피 위에 올린 후 반으로 접어 붙여요.

4. 찜통에 김이 오르기 시작할 때 3을 넣어 15분 정도 찌면 완성!

예쁜 색깔의 파스타로 놀아요

크림파스타

예쁜 색깔의 파스타를 가지고 신나게 놀고 난 후 고소한 크림파스타로 마무리하면 하나의 재미난 놀이 세트가 돼요. 갖가지 신기한 모양의 파스타가 아이의 호기심도 자극하고 밥 먹는 시간도 더욱 즐거워져요.

놀이 요령 & 효과 Play Tips & Effects

- ☑ 다양한 모양의 파스타는 그 자체로도 아이의 호기심을 자극하기에 충분해요.
- ☑ 동물 모양 파스타를 먹으면서 동물 찾기 놀이를 해보세요. 밥 먹는 시간이 정말 재미나요.
- ☑ 생크림과 우유의 고소한 맛이 아이에게 기쁨을 주네요.

이렇게 놀아요 How to play

준비 재료 파스타 소금과 식용유를 넣고 끓는 물에 삶아요, 식용색소
도구 전지, 볼

- ☑ 삶은 파스타에 식용색소를 넣고 염색한 후 가지고 놀아요.
  종이나 OHP 필름 위에 놓아 그림을 그려요.
- ☑ 벽과 바닥에 전지를 붙인 후 파스타를 던지며 놀아요.

이렇게 만들어요 How to Make

준비 재료 파스타(100g), 베이컨·새우·피망·파프리카·버섯(적당량), 저민 마늘(1쪽 분량), 다진 양파(적당량), 우유(⅓컵), 생크림(⅓컵), 식용유·파슬리 가루·소금·후춧가루(약간씩)

도구 도마, 안전 칼, 주걱

1 베이컨과 새우, 채소는 잘게 썰어요.

2 프라이팬에 식용유를 두른 후 저민 마늘과 다진 양파를 넣고 볶아요. 이어서 각종 채소와 베이컨, 새우를 넣고 볶다가 우유와 생크림을 넣어요.

3 소금을 넣은 물에 파스타를 7~12분 정도 삶아요. 건져낸 후 2에 넣고 3분 정도 걸쭉해질 때까지 끓여요. 소금과 후춧가루로 간을 하고 파슬리 가루를 뿌려요.

샌드위치가 다양한 모양으로 변신해요
샌드위치

네모난 샌드위치만 만들지 말고 쿠키 틀을 이용해 여러 모양으로 만들어 먹으면 더 맛있고 재미나요.

놀이 요령 & 효과 Play Tips & Effects

- 샌드위치 식빵에 왜 버터를 바를까요? 바로 물과 기름이 서로 섞이지 않는 원리를 이용한 것이지요. 샌드위치 속에 넣는 채소의 수분이 식빵에 스며들지 않도록 버터를 바른답니다. 또 버터를 바르면 재료들이 잘 달라붙지요.
- 샌드위치를 만든 후 세모, 네모로 자르면서 도형 감각을 익혀요.
- 모양 틀을 이용해 더욱 예쁜 모양의 샌드위치를 만들어요.

"샌드위치가 네모 모양이네? 세모로 만들려면 어떻게 자르면 될까?"

"와~ 이렇게 자르니까 큰 세모가 되었구나! 그럼, 이번엔 작은 세모로 만들어볼까?"

이렇게 만들어요 How to Make

준비 재료 식빵(2장), 감자·달걀·채소·오이피클·마요네즈·후춧가루(적당량) 감자와 달걀을 삶아서 으깬 후 각종 채소를 다져 넣고 마요네즈로 버무린 다음 후춧가루를 살짝 뿌려 속재료를 만들어요.

도구 큰 쿠키 틀

1 식빵의 한쪽 면에 속 재료를 발라요.

2 다른 쪽 면을 식빵으로 덮은 후 쿠키 틀로 찍어요.

카나페

카나페는 만드는 방법이 매우 간단하고 맛도 좋아 아이들이 생각보다 정말 즐거워해요. 재료를 요리조리 썰어보고 차곡차곡 올리면서 도형 감각을 익히기에 더없이 좋아요.

놀이 요령 & 효과 Play Tips & Effects

- ☑ 재료를 여러 방향으로 썰면서 다양한 도형의 모양을 배워요.
- ☑ 다양한 모양의 재료를 하나하나 차곡차곡 올리는 재미가 쏠쏠해요.
- ☑ 여러 가지 재료가 한데 어우러져 정말 멋진 그림이 되고 오묘한 맛이 나요.

이렇게 만들어요 How to Make

준비 재료 동그랗고 네모난 모양의 비스킷(적당량), 바나나·딸기·사과·치즈·햄·견과류 등(적당량)
도구 도마, 빵 칼

1 여러 가지 과일과 치즈, 햄을 다양한 모양으로 잘라요.

2 비스킷 위에 하나씩 올리면서 예쁘게 꾸며요.

 다양한 모양의 색다른 아이스크림을 즐겨요

빵 아이스크림

아이들이 좋아하는 빵과 아이스크림을 샌드위치로 만들어 함께 먹어보아요. 색다르게 먹어보는 빵과 아이스크림이 호기심을 충족시켜줘요.

놀이 요령 & 효과 Play Tips & Effects

- ☑ 빵아이스크림을 만든 후 세모, 네모로 썰면서 도형 감각을 익혀요.
- ☑ 아이스크림을 모양 틀에 넣어 예쁜 모양을 만들어봐요.

이렇게 놀아요 How to play

준비 재료 아이스크림(적당량)
도구 비닐, 쿠키 틀(큰 것과 작은 것), 초콜릿 펜

- ☑ 아이스크림을 큰 틀과 작은 틀에 넣은 후 냉동실에서 살짝 얼려요.
  넣으면서 아이스크림이 녹을 수 있기 때문에 틀에 미리 비닐을 씌워요.
- ☑ 아이스크림을 틀에서 꺼낸 후 초콜릿 펜으로 예쁘게 장식해요.

이렇게 만들어요 How to Make

준비 재료 아이스크림(적당량), 카스텔라(작은 것 1개)
도구 도마, 빵 칼, 숟가락

"빵아이스크림을 네모로 자를까? 세모로 자를까?"

1. 빵 칼로 카스텔라를 두 조각 썰어요.

2. 숟가락으로 아이스크림을 떠서 빵 한쪽 면에 고루 발라요.

3. 나머지 빵 한쪽을 올린 후 빵 칼로 썰어요.
냉동실에서 살짝 얼린 후 썰면 모양 내기가 훨씬 쉬워요.

과일과 채소를 이용한
요리놀이

자연은 그 자체가 경이로움이고 말 그대로 학습의 장이에요. 아이는 자연 속에서 어른이 상상하는 그 이상의 것을 배우지요. 자연은 아이를 위한 무궁무진한 놀잇감을 품고 있을 뿐만 아니라 그 놀잇감은 인간의 손으로 만든 그 어떤 장난감보다도 정교하고 멋져요. 아이는 스스로 새로운 놀이를 찾을 수 있는 본능을 타고난답니다. 자연이 낳은 각양각색의 과일과 채소는 그 색깔과 모양이 어찌나 신비로운지 아이의 호기심을 충분히 자극하지요. 과일과 채소를 보면서 색깔과 모양을 배우고 씨앗을 관찰하면서 생명의 번식이란 복잡한 개념도 이해해요. 칼로 요리조리 썰어보면서 다양한 도형과 수학적 개념도 익히고, 설탕을 넣고 잼을 만들면서 과일의 저장법도 배우고, 김치와 피클을 만들면서 삼투압의 원리도 배우지요. 자연을 가공해서 인간을 이롭게 하려는 오랜 인류의 지혜를 배울 수도 있네요.

 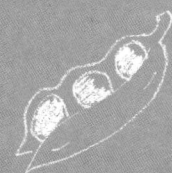 

 과일과 채소의 단면을 관찰해요

과일 & 채소 그릇볶음밥

과일과 채소의 껍질이 어느새 그릇이 되었어요. 새롭게 변신한 과일과 채소 그릇 속에 볶음밥을 넣고 냠냠 맛있게 먹어요.

놀이 요령 & 효과 Play Tips & Effects

- ☑ 과일과 채소의 껍질을 그릇으로 활용해요.
- ☑ 고정관념은 깨고 응용력은 팍팍 올려요!

이렇게 놀아요 How to play

1 과일과 채소를 반으로 잘라 그 안의 씨앗을 관찰해요.
각각의 과일과 채소마다 씨앗의 위치나 모양이 달라 서로 비교해보면 재미나요.

2 바나나와 딸기를 잘라봐요.
바나나를 3등분, 4등분, 5등분 하는 식으로 나눠 썰면서 전체와 부분을 이해하고 나누기의 개념을 배워요.

3 딸기는 자르는 방향에 따라 모양이 달라져요. 각각의 모양이 어떤 모습인지 얘기해봐요.
예서는 세로로 자른 딸기의 모양이 나뭇잎과 불 모양 같다고 하네요.

"반으로 자르니 이런 모양이 되었네. 옆으로도 잘라볼까?"

"예서가 친구 3명을 집에 초대했어. 바나나 1개를 나눠 먹을 건데 몇 개로 잘라야 할까? 예서와 친구 셋을 더하면 모두 4명이지? 그럼 바나나를 똑같은 크기로 4개 잘라야겠구나. 이런 걸 4등분 한다고 해. 4개 중에서 내가 1개를 먹으면 4분의 1만큼 먹은 거야."

이렇게 만들어요 How to Make

준비 재료	볶음밥(1~2공기), 영양밥(1~2공기) 찹쌀에 삶은 팥, 밤, 대추를 알맞게 넣을 수 있도록 준비해요, 피망으로 만든 용기(2개), 파인애플·단호박으로 만든 용기(1개씩), 모차렐라 치즈(적당량)
도구	찜통, 숟가락

1

속을 파낸 피망 그릇에 볶음밥을 담고 모차렐라 치즈를 뿌려 오븐에 구워 먹어요.

2

속을 파낸 파인애플 그릇에도 볶음밥을 담아 먹어요.

3

숟가락을 이용해 단호박의 씨앗을 퍼내요.

4

단호박 그릇에 찹쌀, 삶은 팥, 밤, 대추 등을 넣고 찜통에 30분 정도 쪄요.

우유 바닷속에 빠진 과일을 상상해요
과일화채

수박과 파인애플을 그릇 삼아
시원한 과일 화채를 만들어요.
알록달록 과일들이 하얀 우유
바닷속에 빠져 두둥실 떠다니는
모습을 보며 아이는 달콤한
상상에 빠져요.

놀이 요령 & 효과 Play Tips & Effects

- ☑ 과일을 요리조리 잘라보면서 입체 도형의 단면에 대한 감각을 자연스럽게 키워요.
- ☑ 하얀 우유 속에 빠진 과일들을 건져 먹는 재미가 쏠쏠해요. 아이의 머릿속은 지금 보이지 않는 상상의 바닷속에 빠져 있을지도 몰라요.
- ☑ 다 먹고 남은 수박 껍질과 파인애플 껍질로 배를 만들어 강물 위로 두둥실 띄워보면 어떨까요?

이렇게 놀아요 How to play

- ☑ 남은 과일은 꼬치에 꽂아 과일꼬치를 만들어봐요.
  아이와 꼬치 꽂는 순서를 정해요. 예를 들어 가장 부드러운 과일부터 가장 딱딱한 과일의 순서로 꽂아보는 거예요. 바나나·딸기·사과·감 순으로요. 아이가 분류와 규칙의 개념을 배우기에 좋아요.

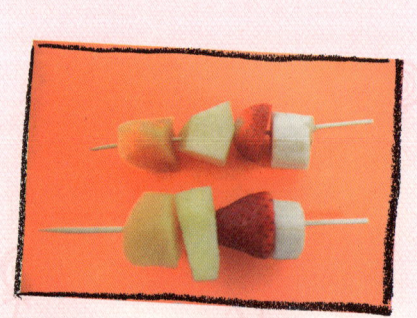

이렇게 만들어요 How to Make

준비 재료 파인애플(½개) 반으로 잘라 속을 파내요, 수박(반달 모양으로 썬 것 2조각), 바나나·감·딸기·사과 등 각종 과일(약간씩), 우유(적당량)
도구 도마, 칼, 쿠키 틀(작은 것)

1. 수박은 쿠키 틀로 찍어 모양을 내요.

2. 각종 과일을 적당한 크기로 잘라 속을 파낸 파인애플 껍질 속에 담아요.

3. 우유를 부으면 완성.
파인애플 속의 우유가 밖으로 샐 수 있으니 바닥에 접시를 깔아요.

온통 알록달록 눈으로 덮인 세상이에요

과일빙수

시원한 여름 빙수가 생각나는 계절이에요. 빙수기나 통조림 팥 없이도 집에서 간편하게 빙수를 만들어 먹어요.

놀이 요령 & 효과 Play Tips & Effects

- ☑ 얼음 틀에 얼린 우유를 믹서에 가니 하얀 눈이 되었어요.
- ☑ 냉동해서 딱딱한 딸기와 블루베리가 잘게 갈아지는 것이 신기해요. 울긋불긋 색깔이 정말 예쁘네요.
- ☑ 아잇, 차가워! 온통 눈으로 덮인 세상에 온 것만 같아요. 예쁜 과일 친구들도 함께 놀러 나왔어요.

이렇게 만들어요 How to Make

준비 재료 얼음 틀에 얼린 우유(적당량), 냉동 딸기·냉동 블루베리(적당량), 딸기·감·사과·바나나 등 각종 과일(약간씩), 떡·견과류·연유(약간씩)
도구 믹서

1 냉동한 우유와 딸기, 블루베리를 각각 믹서에 갈아서 그릇에 담아요.

2 각종 과일과 떡, 견과류를 넣고 마지막에 연유를 살짝 뿌려요.

딸기잼

탐스럽고 예쁜 딸기로 잼을 만들어요. 딸기는 금방 상해버리는데 잼을 만들면 왜 상하지 않고 오래 먹을 수 있는 걸까요?

놀이 요령 & 효과 Play Tips & Effects

- ☑ 딸기잼을 만들면서 당 절임의 원리를 배워요.
  음식이 부패하는 건 눈에 보이지 않는 미생물이 활동하면서 유독한 가스와 물질을 배출하기 때문이에요. 딸기에 설탕을 넣고 조리면 딸기 속의 수분이 빠져나와서 이러한 미생물의 활동을 억제하기 때문에 오래 저장할 수 있답니다.

- ☑ 탐스럽고 예쁜 줄만 알았던 딸기를 냄비에 넣고 끓이니 삼투압 현상으로 수분이 빠져나가 쭈글쭈글해지고 힘없이 뭉개지네요.

- ☑ 딸기 거품을 본 예서가 즉석에서 그림을 그려요. 요리를 하는 바쁜 와중에도 아이는 금세 자신만의 놀잇법을 찾아낸다니까요.

엄마가 거품을 걷어내 그릇에 담아놨더니 예서는 어느새 딸기 거품으로 그림을 그리네요.

이렇게 만들어요 How to Make

준비 재료 딸기(600g), 설탕(300g), 레몬즙(약간)
도구 도마, 빵 칼

1

딸기를 다양한 모양으로 썰어요.
아이에게 딸기를 세로로 자른 경우와 가로로 자른 경우 각각 어떤 모양을 띠는지 물어봐요.
예서는 세로로 자른 딸기가 불 같이 생겼다며 불이 활활 타오르는 모습을 몸으로 표현하네요.

2

썰어놓은 딸기를 냄비에 담고 설탕과 레몬즙을 넣어요.

"딸기를 상하지 않고 오래 보관할 수 있는 방법을 알아볼까? 음식이 상하는 건 우리 눈에 보이지 않는 미생물이 음식을 변하게 만들기 때문이야. 하지만 설탕을 넣고 조리면 딸기 속에 있는 물이 빠져나와 미생물이 살 수가 없어서 상하지 않는단다."

3

2를 끓여요. 끓는 동안 거품을 걷어내요.

4

잘 씻은 용기에 3을 담아요.

주스가 젤라틴을 만나서 젤리가 돼요

젤리

젤리는 맛도 달콤하지만 말랑말랑, 탱글탱글, 보들보들 흔들리는 모양새가 아이의 호기심을 자극하고 즐거움을 줘요. 이렇게 신기한 젤리는 어떻게 만드는 걸까요? 자, 이제부터 엄마와 아이가 함께 마술사가 되어보는 거예요.

놀이 요령 & 효과 Play Tips & Effects

- ☑ 딱딱한 젤라틴을 물에 담그니 미끌미끌 쭈글쭈글해지네요.
- ☑ 젤리는 젤라틴을 뜨거운 물에 녹여 식히면 주변의 물을 흡수해 고체가 되는 원리를 이용한 것이에요.
- ☑ 젤라틴은 동물의 피부, 뼈 등을 뜨거운 물에 삶아서 뽑아낸 단백질이에요. 젤라틴을 찬물에 담그면 물을 흡수해서 부풀어 오르고 끓이면 액체가 되지요. 그리고 식히면 다시 굳는답니다.

"물 같은 주스가 말랑말랑한 젤리가 되는 걸 보고 액체가 고체로 변하는 화학의 원리를 배웠어요!"

이렇게 만들어요 How to Make

준비 재료 주스 또는 우유(250㎖), 젤라틴(5장), 설탕(50g), 과일(적당량), 레몬즙(약간), 물(적당량)
도구 빵 칼, 컵이나 모양 틀

1 젤라틴을 물에 5분 동안 담가 불려요.

2 주스나 우유에 설탕을 넣고 끓여요.

3 과일을 잘게 잘라요.

"딱딱한 젤라틴을 물에 담그니 미끌미끌해졌어요!"

4 불린 젤라틴을 손으로 꾹 짜서 **2**에 넣고 녹여요.
딱딱한 젤라틴을 물에 담그니 쭈글쭈글하게 변했어요. 느낌이 어떤지 말해봐요.

5 **3**의 과일을 컵이나 모양 틀에 담고 **4**를 부어요. 냉장고에 2시간 이상 두면 젤리가 완성돼요.
용기의 표면을 따뜻한 물에 살짝 담근 후 빼면 젤리가 잘 빠져요.

무 조각으로 입체 도형을 만들어요
무절임

치킨을 먹을 때 빠질 수 없는 것이 바로 무절임이죠. 무를 요리조리 썰어보면서 도형 감각도 익히고 무절임에 숨겨진 과학의 원리도 배워요.

놀이 요령 & 효과 Play Tips & Effects

- ✓ 무를 같은 크기로 가늠해서 썰어요. 측정 감각을 익힐 수 있어 좋아요.
- ✓ 무에 설탕, 소금, 식초를 넣으면서 삼투압의 원리를 배워요. 삼투압의 원리를 이용하면 음식을 상하지 않게 오래 보관할 수 있어요. 채소에서 물이 빠져나와 미생물이 살 수 없게 되어 쉽게 부패하지 않기 때문이에요.
- ✓ 무 조각에 이쑤시개를 꽂아 여러 도형을 만들어봐요.

"엄마, 아령과 네모를 만들었어요!"

"뽀로로 친구들이 사는 이층집이에요!"

"이건 자동차예요!"

이렇게 만들어요 How to Make

준비 재료 무(400g) 1cm 두께로 썰어요, 설탕($\frac{1}{3}$컵), 식초($\frac{1}{3}$컵), 소금($\frac{1}{3}$)
도구 도마, 빵 칼, 쿠키 틀, 반찬통

1

무는 아이가 썰기 편하게 엄마가 미리 1cm 폭으로 길게 썰어놓아요.
쿠키 틀을 이용해 예쁜 모양의 무를 찍어낼 수도 있어요.

2

1cm 간격으로 깍둑썰기를 해요.
아이가 아직 1cm의 단위를 잘 몰라도 똑같은 크기를 가늠해서 썰어보는 것은 측정 개념을 익히는 데 좋아요.

3

깍둑 썬 무를 반찬통에 담은 후 설탕과 식초, 소금을 넣고 잘 섞어요.
이때 설탕과 소금, 식초의 맛을 보고 냄새를 맡으며 느낌을 말해봐요.

4

"앗! 처음엔 물이 없었는데 이 물이 다 어디서 생겼을까? 아~ 무에서 물이 빠져나온 거구나. 채소에 설탕과 식초, 소금을 넣으면 채소 속에 있던 물이 밖으로 빠져나와. 이걸 삼투압이라고 한단다."

3을 냉장고에 넣고 2~3일 정도 후에 먹으면 돼요.
이 과정에서 상당량의 물이 무에서 빠져나온답니다. 아이에게 삼투압의 원리를 설명해주기에 딱 좋은 기회네요.

이렇게 놀아요 How to play

- ☑ 남은 무를 깍둑썰기 한 다음 이쑤시개로 꽂아 봐요.
  예서는 2개의 무 조각을 꽂아 아령을 만들고 4개를 꽂아 네모를 만들었어요.

- ☑ 무와 이쑤시개를 계속 연결해서 자동차, 이층집, 고층 건물도 만들어요.
  입체 도형에 대한 감각을 길러요.

- ☑ 무 대신 점토를 이용해도 재미있어요.
  예서는 트라이앵글을 만들었어요. 단순한 놀이 같지만 자세히 살펴보면 아이가 꼭짓점과 변으로 이루어진 도형을 만들고 있는 거랍니다. 어려운 수학 용어로 설명해주지 않아도 도형 감각을 익히기에 참 좋아요.

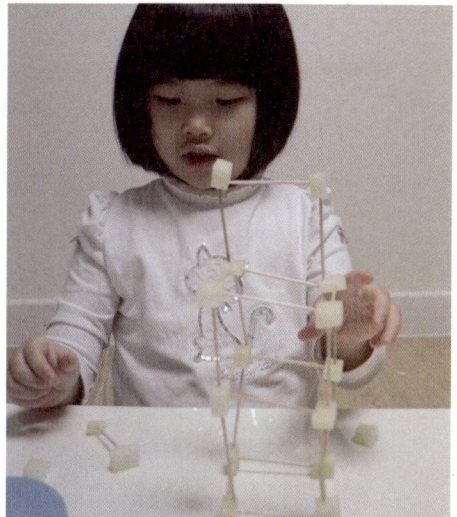

"삼각형, 사각형 같은 도형은 이렇게 꼭짓점과 변으로 이루어졌단다. 삼각형은 3개의 꼭짓점과 3개의 변, 사각형은 4개의 꼭짓점과 4개의 변으로 만들 수 있어."

발효과학과 삼투압의 원리를 이용해요

배추김치

발효 과학이 총집결된 것이 우리나라 김치예요. 미생물은 자신이 가지고 있는 효소를 이용해 유기물을 분해시키는데, 이 과정을 발효라고 해요. 이 발효 과정을 거치면 음식의 맛과 향이 깊어지지요. 엄마랑 김치를 담가보면서 정말 김치는 정성으로 담근다는 사실을 배웠답니다.

놀이 요령 & 효과 Play Tips & Effects

- ☑ 배추에 소금을 뿌려 하룻밤을 재우니까 배추가 힘없이 쭈글쭈글해졌어요. 삼투압의 원리에 따라 배추에서 물이 빠져나온 거예요.
- ☑ 무채에 양념을 해놓으니 무에서 물이 빠져나와 어느새 부피가 줄었어요.
- ☑ 배춧잎 사이사이에 고춧가루 양념을 꼼꼼히 발라요.
- ☑ 김치를 숙성시킬 땐 공기의 접촉을 최소화해야 맛있게 익는답니다.

이렇게 만들어요 How to Make

준비 재료	절인 배추(좀 작은 크기로 1포기)4등분한 배추에 천일염 1컵을 배추 속까지 골고루 뿌린 후 물을 배추 중간까지 오도록 부어 8시간 동안 위아래를 바꿔주며 절여요. 흐르는 물에 소금기를 세 번 정도 씻어낸 후 물기를 2시간 이상 충분히 빼세요. 무채(500g), 미나리·부추·쪽파(50g씩)4~5cm의 길이로 썰어요. 고춧가루(1컵), 설탕(2), 생강가루(약간), 다진 마늘(1), 까나리 액젓(3), 멸치 액젓(3), 새우젓(3), 찹쌀풀(1컵)다시마를 10분 우려낸 물 1컵에 찹쌀가루(1)를 넣고 끓여요
도구	큰 볼, 김치 통, 어린이용 비닐 위생 장갑

1 무채에 고춧가루를 넣고 빨간 물을 들여요.

2 고춧가루 물이 어느 정도 들면 배추를 제외한 나머지 재료를 전부 넣고 버무린 후 30분 이상 숙성시켜요.

3 절인 배춧잎 사이사이에 **2**의 양념을 골고루 비비면서 넣고 잘 오므려요. 김치 통에 담아 하루 정도 실온에서 숙성시킨 후 냉장 보관하세요.
20일 정도 지나면 맛있게 익는답니다.

 하얀 무가 빨간 옷을 입어요

깍두기

깍두기는 아이에게 먹이기 좋은 가장 간단한 김치예요. 아이가 먹기 좋게 고춧가루를 적게 넣고 간단히 만들어봐요.

놀이 요령 & 효과 Play Tips & Effects

- ✓ 깍둑썰기 한 무에 소금을 넣으니 물이 생겼어요.
- ✓ 무에 고춧가루를 넣으니 무가 빨간 옷을 입었네요.

이렇게 만들어요 How to Make

준비 재료 무(500g), 굵은 소금(2), 고춧가루(적당량), 새우젓(½), 설탕(½), 대파·다진 마늘·생강 가루(적당량)

도구 볼, 도마, 안전 칼, 어린이용 비닐 위생 장갑

무를 1~1.5cm 간격으로 깍둑썰기 해요.

볼에 무를 담고 굵은 소금을 넣어요. 물이 생기면 따라 내고 한 번 살짝 씻어 물기를 빼요.

고춧가루를 뿌려 색을 입히고 나머지 재료를 넣어 버무려요.

삼투압과 산·염기성의 원리를 배워요
양배추피클

우리나라에 김치가 있다면 서양엔 피클이 있어요.
김치와 피클은 모두 삼투압의 원리를 이용한 채소의 저장법으로
먼 조상들의 지혜가 담겨 있어요.

놀이 요령 & 효과 Play Tips & Effects

- ☑ 적색 양배추를 식촛물에 담그면 삼투압의 원리에 따라 물이 빠져나와 상하지 않고 오래 먹을 수 있어요.
- ☑ 적색 양배추 속에서 빠져나온 물에 우유, 요구르트 등을 넣어 색의 변화를 관찰해요.

"적색 양배추에서 나온 색이 참 예뻐요. 우유랑도 섞어보고 색깔 놀이도 해봐요."

이렇게 만들어요 How to Make

준비 재료 양배추(¼통), 적색 양배추(¼통), 물(1½컵), 설탕(⅔컵), 소금(1~2), 식초(1컵)
도구 밀폐 용기, 도마, 칼

1. 양배추와 적색 양배추를 먹기 좋게 썰어 밀폐 용기에 담아요.

2. 냄비에 물, 설탕, 소금을 넣어요.

3. 2의 재료를 끓인 후 식초를 넣어 단촛물을 만들어요.

4. 3의 단촛물이 식으면 1의 용기에 잘 부어요. 몇 시간 후 색이 적당히 빠지면 냉장실에 넣고 먹을 수 있어요.

이렇게 놀아요 How to play 1

물질은 산·염기의 고유한 특성을 띠어요. 적색 양배추에서 나온 보라색 물이 산·염기에 따라 색깔이 변하는 걸 보고 아이는 마치 마술을 보듯 흥분하네요. 생활 속 간단한 실험으로 아이의 호기심을 팍팍 키워주세요.

- ☑ 피클을 만들고 남은 적색 양배추를 잘게 찢은 후 냄비에 물을 넣고 함께 끓여요.
- ☑ 적색 양배추에서 빠진 보라색 물을 식힌 후 여러 개의 컵에 나눠 담아요.
  집에 있는 음료수(요구르트, 우유, 주스, 사이다 등), 비눗물, 식초를 준비해요.
- ☑ 각각의 액체를 적색 양배추 물에 넣고 색깔의 변화를 관찰해요.
  비눗물은 청록색, 주스와 식초는 자주색과 빨간색에 가깝게 변해요. 액체의 산과 염기에 따라 색깔이 변하는데 염기성이 강할수록 초록, 노랑으로 변하고 산성이 강할수록 자주, 분홍, 빨강으로 변한답니다.

이렇게 놀아요 How to play 2

지금까지 무절임, 깍두기, 김치, 양배추피클을 만들면서 삼투압의 원리를 배웠어요. 그럼, 혹시 다른 재료로도 좀 더 실험해볼 수 있을까요? 이번엔 달걀을 식초에 담가 실험을 해봐요.

- ☑ 달걀을 식초에 담가요.
  달걀 껍질이 식초에 녹으면서 공기 방울이 생겨요.

- ☑ 이틀이 지난 후 물에 살짝 씻으면 달걀 껍질이 쉽게 벗겨져요.
  삼투압의 원리로 식초의 물이 달걀 속으로 들어가 달걀이 뚱뚱해졌네요.

"껍질을 벗긴 달걀은 말랑말랑 정말 신기해요. 혹시 이 속에 병아리가 살고 있는 건 아닐까요?"

PART 4

육류와 유제품을 이용한
요리놀이

인간은 고기를 날로 먹지 않고 굽거나 삶는 방식을 이용해 요리를 해 먹는다는 점이 특이하지요. 그 옛날 우연히 번개에 맞아 불에 탄 고기의 맛을 처음 본 인류의 조상은 얼마나 놀랐으며 또 어떤 기분이었을까요? 그 후로 인류가 발명하기 시작한 다양한 고기 요리법은 정말 흥미롭고 번뜩이는 지혜가 돋보여요. 그 누가 동물의 창자 속에 고기를 넣고 소시지를 만들 생각을 했을까요? 잘게 으깬 생선을 반죽해 어묵을 만드는 것도 참 신기하죠? 이렇듯 다양한 고기 요리법은 아이에게 그 기원에 대한 궁금증을 유발하고 더불어 상상력과 창의력도 키워주네요.

가장 신비로운 것은 바로 우유의 변신이에요. 젖소에서 나온 우유로 치즈를 만들고 버터를 만드는 과정은 그 자체가 하나의 과학 체험이에요. 우유를 가공해서 만든 분유로 사탕을 만드는 것도 재미있어요. 이처럼 아이와 우유의 다양한 변신을 직접 실험해보면서 우리에게 우유를 준 젖소에게 고마운 마음이 생기고, 그 우유에서 치즈와 버터를 발견한 인류의 조상에게도 감사하는 마음이 생기네요.

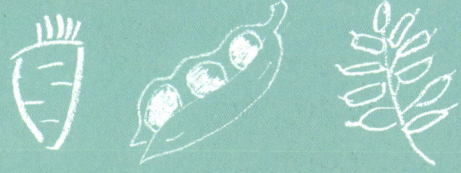

고기 반죽을 다양한 모양으로 만들어요

햄버그스테이크

질기지 않고 부드러운 햄버그스테이크를 만들어요. 지글지글 고기 굽는 냄새에 군침이 절로 돌아요.

놀이 요령 & 효과 Play Tips & Effects

- ☑ 다진 고기에 양념을 넣고 비비는 게 재미나요.
- ☑ 고기에 빵가루를 넣으면 구울 때 부서지지 않고 잘 뭉쳐요.

이렇게 만들어요 How to Make

준비 재료   다진 쇠고기·다진 돼지고기(200g씩) 쇠고기와 돼지고기는 각각
다진 마늘, 소금, 후춧가루를 약간 넣어 밑간해요, 다진 양파(적당량),
빵가루(⅔컵), 달걀(1개)

도구   볼, 숟가락, 비닐 랩, 쿠키 틀(큰 것), 어린이용 비닐 위생 장갑

1

"반죽을 잘 치대야 공기가 모두 빠져나가 맛있어진단다."

볼에 다진 쇠고기, 다진 돼지고기, 다진 양파, 빵가루, 달걀을 넣고 고루 섞어 주무르면서 잘 치대요.

2

쿠키 틀 속에 비닐 랩을 여유롭게 씌운 후 고기 반죽을 넣고 모양을 다듬어요.

3
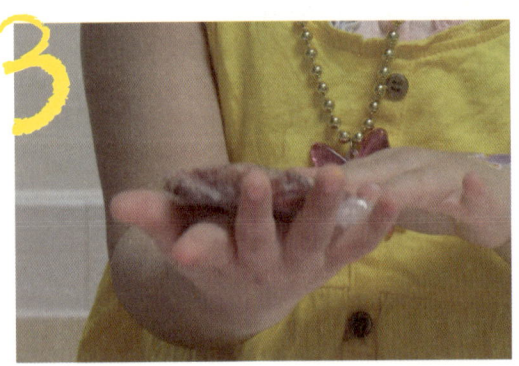

비닐 랩 위에 고기 반죽 적당량을 올린 후 동글 납작하게 만들어 비닐 랩으로 감싸도 좋아요.

4

모양을 잡은 반죽은 냉동실에서 30분 정도 살짝 얼린 후 오븐이나 프라이팬에 구워요.
굽는 동안 모양이 많이 변형되기도 하지만 아이는 그마저 좋아하네요.

빵 사이에 버터를 바르고 고기를 넣어요

햄버거

햄버거는 아이들이 정말 좋아하지요.
직접 만든 햄버그스테이크를 이용해 간단히 햄버거를 만들어요. 이것도 아이의 응용력 향상에 한몫을 하겠죠?

놀이 요령 & 효과 Play Tips & Effect

- ☑ 빵 사이에 버터를 바르는 원리를 배워요.
- ☑ 빵 사이에 고기와 채소를 차곡차곡 넣는 재미가 쏠쏠해요.

이렇게 만들어요 How to Make

준비 재료 모닝 빵(4개), 햄버그스테이크(4개), 토마토·양상추·치즈·버터(약간씩), 토마토 케첩이나 마요네즈 또는 나초 소스(적당량)

도구 빵 칼, 버터 나이프, 모양 틀

"버터는 우유의 지방으로 만든 거야. 물과 기름은 서로 섞이지 않지. 그래서 빵 사이에 버터를 바르면 양상추와 토마토에 있는 수분이 빵으로 스며들지 않게 막아준단다."

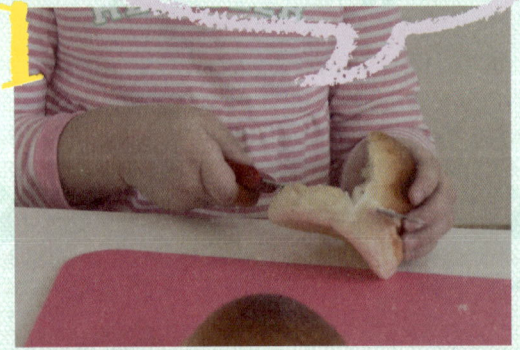

1 빵 칼로 모닝 빵을 끝만 남기고 반으로 잘라 안쪽 면에 버터를 얇게 발라요.

2 빵 사이에 햄버그스테이크, 토마토, 양상추, 치즈를 넣고 소스를 뿌려 잘 덮어요.
치즈를 모양 틀로 찍는 것도 재미나요.

동물의 창자 속에 고기를 넣어 굽던 소시지의 원리를 배워요

소시지

아이들은 소시지를 정말 좋아하지만 그 안에 들어간 합성 첨가물을 생각하면 엄마 마음이 영 불편해요. 우리 아이 건강도 생각하면서 함께 수제 소시지를 만들고 그 제조 원리를 탐색해보아요.

놀이 요령 & 효과 Play Tips & Effects

- ☑ 소시지는 원래 동물의 창자 안에 각종 육류를 넣어 구운 요리예요. 오늘날엔 동물 창자가 아닌 인공 주머니를 이용해서 각종 합성 첨가물을 넣는 바람에 몸에 좋지 않은 음식으로 인식되고 있지만 소시지의 제조 원리를 탐색하다 보면 옛날 사람들의 재미나고 번뜩이는 지혜가 돋보인답니다.
- ☑ 소시지 주머니를 이용하는 대신 비닐 랩으로 고기 반죽을 감싸서 만들어봐요.
- ☑ 구운 소시지를 채소와 함께 빵 사이에 넣고 핫도그를 만들어도 맛있어요.

이렇게 놀아요 How to play

준비 재료 소시지 속 재료(적당량)
소시지 속 재료는 201쪽 '소시지' 만들기를 참조하세요

도구 소시지 케이싱 고기 반죽을 넣어 가공하는 껍질이에요. 인터넷(www.esfood.kr)에서 콜라겐 케이싱을 구입했어요., 짤주머니

- ☑ 짤주머니 속에 소시지 속 재료를 넣고 케이싱 속으로 짜서 밀어 넣어요.
  케이싱 내부에 공기가 들어가면 안 돼요. 기계로 만든 것만큼 단단하지는 않지만 그래도 아이는 신기해하며 좋아한답니다.

이렇게 만들어요 How to Make

준비 재료	다진 돼지고기(300g)다진 마늘, 생강 가루, 맛술, 간장, 소금, 참기름을 알맞게 넣어 밑간해요, 다진 양파(적당량), 녹말(적당량)
도구	도마, 비닐 랩, 어린이용 비닐 위생 장갑

1

볼에 밑간한 돼지고기와 다진 양파, 녹말을 넣고 잘 치대요.

2

도마 위에 비닐 랩을 깔고 1의 고기 반죽을 적당량 덜어 올린 후 비닐 랩으로 감싸 단단하게 말아요.

3

냉동실에서 30분 정도 살짝 얼린 후 비닐 랩을 벗겨 오븐에 구워요.

201

생선 반죽으로 예쁜 모양의 어묵을 만들어요

어묵

어느 날 우연히 포장마차에서 사 먹은 시원한 국물의 어묵. 갑자기 이 어묵을 어떻게 만들었을까 하는 궁금증이 머리를 스쳐요. 엄마와 아이는 호기심으로 눈이 반짝반짝 빛나고 그 제조 원리를 함께 탐험해보기로 해요.

놀이 요령 & 효과 Play Tips & Effects

- ☑ 밖에서 사 먹기만 하던 어묵을 집에서 직접 만들어보자고 하니 아이의 궁금증은 커지고 마음은 설레요.
- ☑ 쫀득쫀득한 어묵이 다름 아닌 생선으로 만든 것이라니 정말 놀랍네요.
- ☑ 갖가지 모양 틀에 반죽을 넣고 세상에서 하나뿐인 나만의 예쁜 어묵을 만드니 기분도 우쭐해지는걸요.

이렇게 만들어요 How to Make

준비 재료 해동한 동태살(250g), 새우살(1컵) 또는 오징어(1마리), 달걀(1개), 양파·당근·깻잎·부추·파 등 다진 채소(적당량), 간장($\frac{1}{2}$), 소금(약간), 설탕($\frac{1}{2}$), 녹말($\frac{1}{2}$컵), 밀가루($\frac{1}{2}$컵), 참기름·후춧가루(약간씩)

도구 믹서, 모양 틀(초밥 틀이나 큰 쿠키 틀), 도마, 비닐랩, 숟가락, 나무젓가락

동태살과 새우살, 달걀을 믹서에 넣어 함께 곱게 갈아요.

나머지 재료들을 모두 넣고 잘 비벼요.

모양 틀에 비닐 랩을 여유 있게 씌운 후 어묵 반죽을 숟가락으로 떠서 채워 넣어요. 남은 비닐 랩으로 덮어 꾹꾹 누르면서 모양을 만들어요.

틀에 넣을 때 모서리 부분은 젓가락으로 눌러가며 꼼꼼히 채우세요.
핫바를 만들 경우 바닥에 비닐 랩을 깔고 어묵 반죽을 숟가락으로 떠서 둥글게 모양을 만든 후 나무젓가락에 꽂아요. 또는 그냥 둥글게 만 반죽을 기름에 튀긴 후 나무젓가락을 꽂아도 돼요.

모양이 완성되면 냉동실에 넣어 1시간 정도 가볍게 얼려요.

모양 틀에서 어묵 반죽을 꺼낸 후 비닐 랩을 잘 벗겨 기름에 튀겨요.

모든 요리 과정을 아이와 함께 하는 것이 바람직하지만 튀기는 과정만큼은 위험하니 엄마 혼자 하세요.
튀긴 어묵에 나무젓가락을 꽂으면 핫바가 돼요.

메추리알을 예쁜 색깔로 염색해요

색깔 메추리알

혹시나 하는 마음에 다양한 색상의 천연 가루를 넣고 메추리알을 조려봤더니 신기하게도 예쁜 색깔 옷을 입었어요. 이 우연한 발견에 엄마도 아이도 깜짝 놀랐네요. 마치 발명가가 된 기분이에요.

놀이 요령 & 효과 Play Tips & Effects

- ☑ 아이와 함께 삶은 메추리알의 껍질을 벗기면서 정다운 이야기꽃을 피워요.
- ☑ 시판하는 껍질 깐 삶은 메추리알을 이용하면 표면이 흠집 없이 매끈해 색이 고르게 나와요.
- ☑ 다양한 색상의 천연 가루를 넣어 끓이니 하얀 메추리알이 정말 신기하리만치 고운 빛깔 옷을 입네요.
- ☑ 예쁘게 꾸민 색깔 메추리알을 나란히 세워놓으니 마치 귀여운 꼬마 메추리알 병사들이 행진하는 모습 같아요.

이렇게 만들어요 How to Make

준비 재료 메추리알(27개) 잘 삶아 껍질을 매끈하게 벗기세요, 물(적당량), 천연 가루(딸기·카레·녹차 ½씩), 소금·물엿(적당량), 구운 김 조각(약간)

도구 주걱, 가위, 초콜릿 펜

1 메추리알을 3개의 그릇에 나눠 담아요.

2 냄비에 메추리알을 넣고 메추리알이 반쯤 잠길 만큼만 물을 넣은 후 각각에 천연 가루와 소금, 물엿을 넣고 끓여요. 메추리알에 색이 충분히 입힐 때까지 색깔별로 조려요.

3 메추리알을 건져내 식힌 후 찬물에 살짝 씻어요.

4 구운 김 조각을 잘라 눈, 코, 입을 붙이고 초콜릿 펜을 이용해 예쁘게 꾸며요.

우유 단백질이 산을 만나면 응고돼요
크림치즈

치즈의 유래에 관한 옛날 이야기를 나누며 아이 손으로 직접 치즈를 만들게 했어요. 어느새 아이는 호기심으로 가득 찬 꼬마 과학자가 되어 있네요.

놀이 요령 & 효과 Play Tips & Effects

☑ 치즈의 유래를 살펴볼까요? 옛날 고대 아라비아 상인이 양의 위를 건조시켜 만든 주머니에 우유를 넣은 후 낙타를 타고 뜨거운 사막을 건넜어요. 그런데 밤이 되어 주머니를 열어보니 우유는 온데간데 없고 물과 흰 덩어리만 남아 있는 거예요. 그 흰 덩어리의 맛을 보니 좋아서 그때부터 치즈를 먹기 시작했다고 전해집니다.

☑ 사막을 건너는 동안 태양열을 받아 우유가 따뜻하게 데워졌고 게다가 양의 위로 만든 주머니에는 위 점막이 있어 그 안의 효소가 따뜻해진 우유의 단백질을 굳게 해 응고시킨 것이지요. 우리도 이 아라비아 상인의 지혜를 흉내 내서 치즈를 만들 수 있어요.

☑ 치즈의 유래에 관한 옛날 이야기를 듣고 아이는 어느새 아라비아 상인이 되는 상상을 해요. 뜨거운 태양 아래 낙타를 타고 사막을 건너듯 우유를 따뜻하게 끓여요. 양의 주머니 속 효소와 비슷한 식초를 넣고 우유 단백질이 덩어리로 뭉치는 것을 눈으로 확인해요.

☑ 옛날 인류의 조상이 치즈를 처음 발견했던 순간의 놀라움처럼 오늘 우리 아이도 같은 즐거움을 느끼네요.

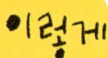 이렇게 만들어요 How to Make

준비 재료 우유(1000㎖), 생크림(500㎖), 소금(8g), 식초(50g)
도구 냄비, 국자, 면포, 물이 빠지는 용기

"우유의 단백질이 식초 같은 산을 만나면 응고가 돼요."

1 냄비에 우유와 생크림을 넣고 중간 불로 끓이다가 따뜻해지면 소금을 넣어요.

2 냄비 가장자리에 기포가 생기면서 끓기 시작하면 약한 불로 줄이고 80℃ 정도의 온도를 유지한 상태에서 식초를 조금씩 골고루 넣어요. 이때 우유의 단백질이 서서히 굳기 시작하는데 젓지 말고 30분 이상 계속 끓여요.

3 우유 덩어리가 충분히 응고되었으면 불을 끄고 덩어리만 국자로 떠서 면포를 깔아놓은 용기에 퍼 담아요. 1시간 정도 물을 뺀 후 냉장실에 넣어요.
구운 빵에 발라 먹거나 머핀을 만들 때 쓰면 좋아요.

우유의 지방 입자가 한쪽으로 뭉쳐요

버터

아이가 매일 먹는 우유는 젖소에게서 얻은 것이지요. 그 우유로 치즈도 만들고 버터도 만들어보니 정말 신기한 과학 체험이 따로 없어요. 우리에게 우유를 준 젖소에게 고마운 마음이 들고, 그 우유에서 치즈와 버터를 발견한 인류에게도 감사하는 마음이 생기네요.

놀이 요령 & 효과 Play Tips & Effects

- ☑ 우유를 계속 저으면 지방 입자가 서로 충돌하면서 물과 분리되어 한쪽으로 뭉치기 시작하는데 이 지방 덩어리가 바로 버터랍니다. 즉, 버터는 우유를 강하게 휘저어서 우유 속에 녹아 있던 지방들을 다시 뭉치게 하는 원리를 이용한 것이에요.
- ☑ 우유의 지방을 많이 함유한 생크림을 이용하면 버터 만들기가 훨씬 쉬워요.

 만들어요 How to Make

준비 재료   생크림(적당량)
도구   볼, 거품기, 핸드 블렌더, 유산지 또는 알루미늄 포일

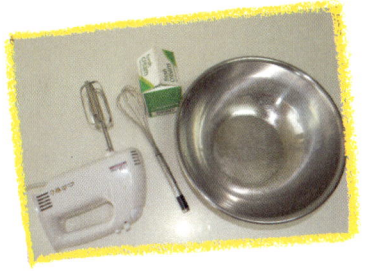

볼에 생크림을 넣고 거품기와 핸드 블렌더를 번갈아가며 저어요.

계속 저으면 어느 순간 크림 상태가 깨지면서 뭉치기 시작해요.

좀 더 휘젓다 보면 지방이 물과 분리되어 한쪽에 뭉쳐요.

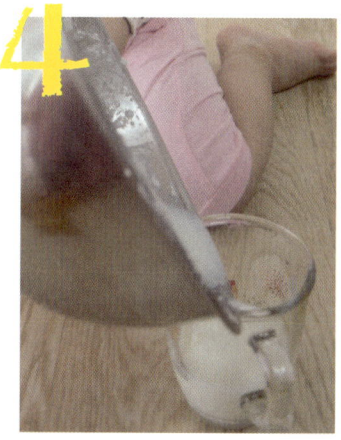

물은 따라내고 덩어리인 버터만 남겨요.

버터는 유산지나 알루미늄 포일에 싸서 모양을 만든 후 냉장실에 보관해요.

분유와 연유만으로 사탕을 만들어요

분유사탕

아이가 사탕을 너무 많이 먹어 고민이라고요? 그럴 땐 질 좋은 영양 성분이 골고루 들어간 분유 사탕을 만들어보세요. 매일 사탕만 찾던 아이가 사탕을 뚝 끊어버리는 기적이 일어날지도 모른답니다.

놀이 요령 & 효과 Play Tips & Effects

- ✓ 분유와 연유만으로 사탕을 만들 수 있다니 정말 신기해요.
- ✓ 끈적끈적한 연유를 넣으니 분유 입자가 서로 뭉쳐서 덩어리가 되네요.

이렇게 만들어요 How to Make

준비 재료 분유(70g), 연유(약 35ml)
도구 볼, 빵 칼, 쿠키 틀(작은 것), 유산지

1

볼에 분유를 담고 연유를 조금씩 골고루 섞으면서 일정한 크기의 덩어리로 뭉쳐요.

2

뭉친 분유 덩어리를 적당한 크기와 모양으로 썰어요.
또는 쿠키 틀을 이용해 예쁜 모양을 만들어요.

3

네모나게 자른 유산지로 감싸서 사탕 모양으로 포장해요.
냉장실에 보관해요.

물엿과 설탕, 즈스로 예쁜 모양의 사탕을 꾸며요

막대사탕

아이랑 가는 곳곳마다 피할 수 없는 사탕의 유혹! 그렇다면 좀 더 건강한 사탕을 재미있게 만들어봐요. 여기에 예쁜 모양도 빼놓을 순 없겠죠?

놀이 요령 & 효과 Play Tips & Effects

- ☑ 설탕과 물엿, 과일 주스로 예쁜 사탕을 만들어요.
- ☑ 사탕 액을 꼬치 위에 올리니 신기하게도 사랑의 하트 모양이 나오네요.

이렇게 만들어요 How to Make

준비 재료 물엿(20g), 설탕(50g), 포도 주스(20g), 스프링클 또는 잘게 다진 견과류(적당량)
도구 도마, 국자, 알루미늄 포일, 숟가락, 나무 꼬치

1

냄비에 물엿과 설탕, 포도 주스를 넣고 중간 불에서 끓여요.
설탕이 다 녹을 때까지 휘젓지 말고 냄비를 기울여가며 녹여요.

2

설탕이 다 녹으면 불을 약하게 줄인 후 국자로 저어가면서 약간 끈적한 느낌이 날 정도까지 조려요.

3

도마에 알루미늄 포일을 깔고 숟가락으로 2의 사탕 액을 뜬 후 나무 꼬치 위에 부어서 모양을 내요.
자연스럽게 하트 모양이 연출된답니다. 스프링클이나 견과류로 꾸미면 모양도 예쁘고 맛도 더 좋아요.

> "설탕물을 끓이면 물이 증발하면서 설탕물이 걸쭉해지지. 이걸 다시 굳히면 딱딱한 사탕이 되는 거야."

아이 손으로 만드는
천연 제품 & 입체 도형

아이는 일상의 아주 작은 것 하나하나에도 정말 놀랍도록 세심한 관심을 보이지요. 가끔은 아이가 던지는 뜬금없는 질문 공세에 엄마는 속수무책으로 당하기 일쑤랍니다. 왜 세수할 땐 비누를 써야 해요? 이 미끌미끌한 거품은 어디서 나오는 걸까요? 비누는 어떻게 만든 거예요? 목욕하고 나서 로션은 왜 발라요? 엄마는 왜 입술이 틀 때 립밤을 발라주는 거죠? 양초에는 왜 불이 붙어요? 아이에게 이런 질문 공세를 당할 때면 엄마는 정말 난감하기 짝이 없지요. 하지만 아이가 세상을 이토록 호기심 어리게 바라본다는 사실은 엄마에게 깊은 감동을 줍니다. 일상에서 아이가 던지는 질문을 진지하게 받아주고 적극적으로 대응해봐요. 엄마가 아이와 함께 그 숨겨진 과학의 원리를 찾아 새로운 도전에 도전을 거듭하다 보면 아이는 그 누가 시키지 않아도 자신의 지적 호기심을 키우고 세상을 탐구하는 어른으로 성장할 거예요.

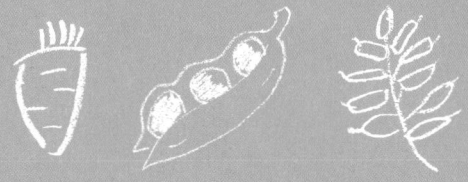

물과 기름이 만나는 비누의 원리를 배워요

천연 비누

우리 아이 표 비누가 손에서 미끌미끌, 거품이 보글보글….
목욕 시간이 한결 즐거워지네요.

놀이 요령 & 효과 Play Tips & Effects

- ☑ 몸의 더러움을 씻기 위해 매일 쓰는 비누. 갑자기 그 비누의 원리가 궁금해졌어요.
- ☑ 비누는 어떻게 때를 씻어낼까요? 비누는 원래 서로 섞이지 않는 물과 기름을 탄산수소나트륨을 넣고 혼합해서 만듭니다. 그래서 비누에는 물을 좋아하는 성분과 기름을 좋아하는 성분이 모두 들어 있어요. 기름을 좋아하는 성분이 때에 달라붙고 물을 좋아하는 성분이 물에 달라붙으면서 때와 물이 함께 씻겨 떨어져 나가는 원리를 이용한 것이지요.
- ☑ 비누를 만들려면 물과 기름을 따뜻하게 데운 후 탄산수소나트륨을 넣고 빠르게 저어 섞어야 해요. 하지만 이 과정에서 자칫 실수를 하면 위험할 수 있기 때문에 어린아이와 작업할 땐 미리 만들어놓은 시판 비누 베이스를 간편하게 이용해요.

이렇게 만들어요 How to Make

준비 재료 비누 베이스(500g) 사방 1cm 크기로 깍둑썰기를 해요, 글리세린(4g) 보습 효과에 좋아요, 비타민 E(2g) 산화방지제 역할을 해요, 라벤더 에센셜 오일(8방울), 천연 가루(딸기 또는 녹차 4g)
비누 베이스와 각종 첨가물은 인터넷(www.whatsoap.co.kr)을 통해 구입할 수 있어요.

도구 나무젓가락, 종이컵 또는 우유팩, 비누 틀

1

냄비를 중탕해서 비누 베이스를 녹여요.
전자레인지를 사용해도 돼요.

2

비누가 다 녹으면 글리세린, 비타민 E, 라벤더 에센셜 오일, 천연 가루를 넣고 고루 저어요.
천연 가루를 글리세린에 미리 녹이면 가루가 뭉치지 않아요.

3

2의 비누 액을 틀에 넣어 굳히면 완성.

유화제를 이용해 물과 기름을 섞어요

베이비 로션

우리 아이의 고운 피부를 지켜주는 로션. 직접 만든 아이 표 로션을 바르니 피부가 한결 부드러워지고 멋쟁이가 되었어요.

놀이 요령 & 효과 Play Tips & Effects

- ☑ 로션은 물과 기름을 유화제를 이용해 섞은 거예요. 물은 피부에 수분을 보충해주고 기름은 피부의 수분을 외부로 뺏기지 않도록 보호막을 쳐준답니다.
- ☑ 원래 물과 기름은 서로 섞이지 않아요. 하지만 유화제를 넣으면 물과 기름이 부드럽게 섞여 피부의 보습 기능과 보호 기능을 동시에 지니게 되지요.
- ☑ 집에서 요리할 때 쓰는 올리브 오일로 피부에 좋은 고급 로션을 만들 수 있어요. 매일 먹는 올리브 오일로 몸에 바르는 로션을 만들자고 하니 아이가 깜짝 놀라네요.

"물과 기름은 서로 친구가 아니야. 그래서 섞이지가 않아. 이 둘이 서로 친구가 되려면 어떻게 해야 할까? 따뜻하게 데운 후 유화제를 섞으면 된단다. 우리 예서도 친구랑 친해지려면 이 유화제처럼 따뜻한 말을 하면 돼. '같이 놀자', '미안해', '싸우지 말고 화해하자', '사이 좋게 지내자'라고 말이지."

"종이 박스에 거울을 올리고 화장품을 진열해서 나만의 화장대를 만들었어요. 엄마처럼 화장하는 게 재미나요."

이렇게 만들어요 How to Make

준비 재료 정제수(80g)_{일반 정수기 물이 아닌 약국에서 판매하는 물이에요}, 올리브 오일(15g), 올리브 유화 왁스(3g)_{물과 기름을 섞어주는 유화제에요}, 히알루론산(3g)_{피부 보습에 좋아요}, 자몽 씨 추출물(2g)_{천연 방부제 역할을 해요}, 라벤더 에센셜 오일(2방울)

간편하게 만들 경우엔 히알루론산, 자몽 씨 추출물, 라벤더 에센셜 오일은 모두 생략해도 무방해요.
유화제와 각종 첨가물은 인터넷(www.whatsoap.co.kr)을 통해 구입할 수 있어요.

도구 머그잔(2개), 미니 블렌더, 숟가락, 소독한 화장품 용기
화장품 용기에는 소독용 에탄올을 뿌려요.

1 머그잔 하나에는 정제수를 넣고 다른 머그잔에는 올리브 오일과 올리브 유화 왁스를 넣어요. 각각의 머그잔을 전자레인지에 돌려 60~70℃ 정도의 온도로 가열해요.
오일과 왁스를 담은 머그잔을 전자레인지에 10초 간격으로 돌리면서 왁스가 다 녹을 때까지 스푼으로 계속 저어요.

2 오일을 넣고 가열한 머그잔에 따끈하게 데운 정제수를 붓고 숟가락과 미니 블렌더를 번갈아 사용하면서 빠르게 저어요.
미니 블렌더가 없을 경우 상당히 빠른 속도로 오래 저으면 돼요.

3 마요네즈같이 걸쭉해지면 히알루론산, 자몽 씨 추출물, 라벤더 에센셜 오일을 넣고 저어준 후, 용기에 담아요.
실온에 두고 한 달 정도 쓸 수 있어요. 천연 방부제인 자몽 씨 추출물을 생략할 경우 냉장고에 넣고 일주일 내로 사용하세요.

벌집에서 채취한 밀랍으로 입술을 촉촉하게 해요

립밤

추운 겨울이나 건조한 날씨엔 입술이 거칠어져요. 거친 바람에 입술이 수분을 빼앗기나 봐요. 립밤으로 우리 아이의 입술을 촉촉하게 지켜주세요.

놀이 요령 & 효과 Play Tips & Effects

"꿀벌아, 밀랍을 만들어줘서 고마워."

- ☑ 추운 겨울이나 건조한 날씨에는 입술이 잘 터요. 입술에는 피지선이 없어서 쉽게 거칠어진답니다.
- ☑ 립밤은 오일과 밀랍을 이용해 만들어요. 밀랍은 꿀벌이 벌집을 짓기 위해 몸에서 분비하는 끈적끈적한 물질이에요. 따라서 밀랍은 벌집에서 채취한 거랍니다.
- ☑ 오일과 밀랍을 녹인 후 용기에 담으니 어느새 딱딱하게 굳었어요.

이렇게 만들어요 How to Make

준비 재료 올리브 오일(20g), 시어 버터(5g), 밀랍(7g), 비타민 E(2방울)
도구 저울, 머그잔, 숟가락, 소독한 화장품 용기

1 머그잔을 저울에 올리고 올리브 오일, 시어 버터, 밀랍을 계량해서 넣어요.

2 전자레인지에 10초 간격으로 돌리면서 밀랍을 녹여요.

3 비타민 E를 넣고 화장품 용기에 담아서 실온에서 굳혀요.
립스틱 조각을 살짝 넣어 함께 녹이면 예쁜 색깔의 립밤이 돼요.

크레파스를 이용해 예쁜 색의 양초를 만들어요
색깔양초

예쁜 색깔양초에 불이 환하게
켜지면 아이 마음도 덩달아 환히
밝아져요.
양초는 보통 생일 케이크에
사용하지요. 초를 직접 만들어보면
정말 신기해해요.

놀이 요령 & 효과 Play Tips & Effects

☑ 매일 그림만 그리던 크레파스가 불에 녹을 줄은 상상도 못했어요.
☑ 내가 좋아하는 크레파스 색깔을 넣어 예쁜 양초를 만들어요.

이렇게 놀아요 How to play

준비 재료 밀랍(틀에 맞게 적당량), 식용 색소·에센셜 오일(약간씩), 심지(적당한 길이)
도구 머그 컵, 나무젓가락, 모양 틀 또는 종이컵

☑ 밀랍을 컵에 담아 전자레인지에 녹여요.
☑ 밀랍이 완전히 녹으면 색소와 에센셜 오일 몇 방울을 떨어뜨려 빠르게 저어요.
☑ 심지를 나무젓가락 사이에 끼워 모양 틀이나 종이컵 위에 올리고 밀랍 용액을 부어 굳히면 완성.

이렇게 만들어요 How to Make

준비 재료 양초(굵은 것 1개), 크레파스(약간)
도구 비커(또는 못 쓰는 용기), 나무젓가락, 종이컵

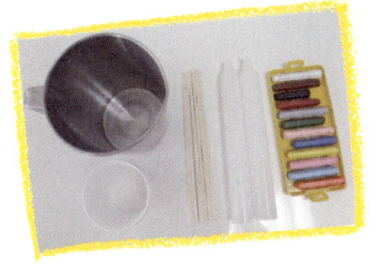

1

양초를 잘게 자르고 크레파스도 잘게 잘라요.
양초의 심지가 잘리지 않게 조심해요. 심지를 그대로 색깔양초 만들기에 쓸 거예요.

2

자른 양초를 비커에 넣고 중탕으로 녹여요.

3

양초가 다 녹으면 비커를 중탕 냄비에서 꺼내 크레파스를 넣고 나무젓가락으로 저어 녹여요.

4

심지를 나무젓가락 사이에 끼워 종이컵 위에 올리고 3의 양초 용액을 종이컵에 부어요. 양초가 굳으면 종이컵을 찢어서 떼어내요.

입체 도형의 구조를 배워요

정육면체 상자

입체 도형 만들기를 하면 공간 감각을 키울 수 있을 뿐만 아니라 만드는 과정 내내 아이가 무한한 상상력을 발휘할 수 있어요. 평면 도형을 두 손 모아 오므리니 갑자기 입체로 변신하는 것이 꼭 마술 같아요.

놀이 요령 & 효과 Play Tips & Effects

- ☑ 정육면체를 만드는 방법에는 11가지가 있어요.
- ☑ 폼보드의 각 변을 접고 붙이면서 입체 도형에 대한 감각을 익혀요.
- ☑ 정육면체를 가지고 무한한 상상놀이를 할 수 있어요.

"뿅뿅이(솜방울)로 만든 애벌레를 상자 안에 넣었어요. 상자를 고리로 연결하니 종이에 걸 수 있어 좋네요."

"번데기가 껍질을 벗고 나비가 되었어요!"

"상자 안에 있던 애벌레가 번데기가 되었어요."

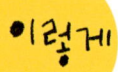 한들어요 How to Make

준비 재료 폼보드_{폼보드는 색깔별로 준비하거나 색종이를 붙여요}, 목공풀 또는 글루건, 안전 칼(학습용)
꾸밈 재료 숫자 스티커, 뽕뽕이(솜방울), 완구용 눈알, 고리 등

〈정육면체 전개도〉

정육면체를 만들 수 있는 11가지 방법의 전개도입니다. 이 중 원하는 모양을 골라 폼보드 위에 한 변의 길이가 6㎝ 정도 되도록 그린 후 바깥 변을 따라 칼로 자르세요. 나머지 안쪽 변은 한쪽 면만 칼집을 내요.

정육면체 전개도 위에 숫자 스티커를 붙여요.
스티커를 붙이면서 정육면체는 모두 여섯 면으로 이루어진다는 사실을 배워요.

칼집을 낸 각 변에 살짝 힘을 주면 딱딱 소리를 내며 구부러져요. 목공풀이나 글루건을 이용해 각 변을 붙여 상자를 완성해요.
정육면체 상자가 완성되면 정말 신기해한답니다.

다른 색깔의 정육면체도 완성한 후 각종 꾸밈 재료를 붙여 장식해요.

건축물의 구조를 배워요

로보카폴리 본부

TV에서만 보던 차고가 딸린 로보카폴리 본부를 직접 만들어요. 집에 있는 장난감 자동차를 모두 모아 재미난 상상놀이에도 흠뻑 빠져봐요.

놀이 요령 & 효과 Play Tips & Effects

- ☑ 마트에서 로보카폴리 본부 장난감을 사달라고 떼쓰는 아이 때문에 난감한 적이 있었죠. 집에 가서 직접 만들어보자고 설득해서 아이를 달랠 수 있었어요.
- ☑ 아이는 값비싼 완제품 장난감을 갖고 노는 것보다 서툰 손으로라도 직접 만들어볼 때 훨씬 더 많은 걸 배우지요.
- ☑ 집을 만드는 내내 아이는 공간에 대한 무한한 상상을 펼쳐요.
- ☑ 집 만들기는 공간 감각을 키워줄 뿐만 아니라 상상력과 창의력도 풍부해진답니다.

이렇게 놀아요 How to play

준비 재료 바닥·옆면·뚜껑 236쪽 '로보카폴리 본부' 만들기 참조, 목공풀 또는 글루건, 안전 칼(학습용)
꾸밈 재료 스티커, 사인펜 등

뚜껑이 있는 상자를 여러 개 만들어요.

- ☑ 바닥, 옆면, 뚜껑을 완성해요.
  뚜껑의 변은 바닥 면의 변의 길이보다 1cm 길어야 해요. 옆면의 경우 네 면을 길게 붙여 자른 후 각 모서리에 칼집을 내어 구부리면 간편해요.

이렇게 만들어요 How to Make

준비 재료 폼보드, 색종이, 목공풀이나 글루건, 플레이콘옥수수 성분으로 만들어져 물을 살짝 묻히면 잘 붙어요, 안전 칼(학습용)

1층 앞면의 차고 문에 색종이를 붙여요.
가로 7cm, 세로 10cm의 크기로 색종이를 잘라서 붙여요. 로이는 빨간색, 앰버는 분홍색, 폴리는 파란색을 붙였네요.

1층 벽면 ➔ 1층 지붕 ➔ 2층 벽면 ➔ 2층 지붕 ➔ 3층 벽면의 순으로 글루건이나 목공풀을 이용해 붙여요.
3층 벽면은 칼집 낸 부분으로 한쪽 면을 구부리면 딱딱 소리를 내며 둥글게 말아져요.

플레이콘을 이용해 3층 지붕을 둥근 모양으로 붙여요.